JN016528

人材危機時代の日本の「グローバル人材」の育成とタレントマネジメント

「見捨てられる日本・日本企業」からの脱却の処方箋

守屋貴司 著

晃洋書房

はじめに

　日本および日本企業にとって「グローバル人材」の育成は大きな課題となってきたし，それに対応した新しい人事管理システムであるタレントマネジメントの構築も日本企業の人事政策・経営課題となってきている．本書の第一の研究目的は，そうした「グローバル人材」の育成とそれに対応した新しい人事管理システムであるタレントマネジメント等の構築に向けて，日本社会（日本政府，日本の大学等）と日本企業がどのように取り組んできたかを解き明かし，日本的なグローバル人材育成と，そうしたグローバル人材に適応した日本的なタレントマネジメントの特徴・傾向性と課題を解明することである．そして，本書の第二の研究目的は，「グローバル人材」に適応した日本企業の人事管理システムであるタレントマネジメント等の構築の不十分性や日本の男女雇用機会均等への不十分さによって，部分的とはいえ，日本や日本企業を見捨てて，日本人や外国人材の優秀な「グローバル人材」が外国や外国企業への就職を意識的に選択する現状を指摘し，そこからの脱却の処方箋を提示することにある．

　また，本書の表題である人材危機時代であるが，日本資本主義の内部環境要因として，少子高齢化による日本の生産人口の先進国でも急速な減少問題がある．この結果，生産労働人口が減少し，海外からの優秀な外国人材の日本への誘致が必要となってきている．人工知能，IoT，バイオテクノロジーなどの技術革新を担うハイスキル人材と同時に，製造・インバウンド分野などで通訳・国際ビジネスなどを担う優秀な外国人材の呼びよせと活用は大きな政策課題と問題点を内包している．この場合の人材の「危機」とは，グローバル競争の中で，日本および日本企業が，それらの外国人材が不足した場合，競争により優位に立つための人材の不足によって，人工知能，IoT，バイオテクノロジー，製造・インバウンド分野等の拡大・成長が見込める分野の豊かな未来が阻害されるという意味で使用している．

　それに加えて，本書の表題にある「グローバル人材」とは，このような「グローバリゼーション」を背景として，国境や国籍に縛られることなく自由にその才能を活かして移動する高度人材のことを呼んでいる．この場合，外国人材の場合もあるし，当然，優秀な日本人材の場合もあるが，共に位置づけとして

は，「グローバル人材」ということとしている．

　なお，本書では，グローバル人材の採用・育成・配置・抜擢等の最も適応的な人事管理システムとして，「タレントマネジメント」に着目し，タレントマネジメントの理論的・実態的解明をおこなっている．

　なお，本書はすでに公表した下記の拙稿を大幅に加筆・修正・削除・編集および分割したものである．

　それぞれの章の初出は下記の通りである．

　　第1章・第2章は，「日本における『グローバル人材』育成論議と『外国人高度人材』の受け入れ問題：外国人留学生との関連から」『立命館経営学』第54巻第3号，2015年11月，初出．

　　第3章は，「外国人留学生の就職支援と採用・雇用管理」『立命館経営学』第47巻第5号，2009年1月，初出

　　第4章は，「日本における外国人留学生とインターンシップへの一考察」『ウェブマガジン　留学交流』2014年8月号，Vol.41，2014年8月，初出．

　　第5章は，「日本の中小企業の外国人材の採用・活用の現状と課題：中小企業勤務の外国人材へのヒアリング調査と関西の中小企業の事例調査を中心として」『立命館経営学』第56巻第4号，2017年，初出．

　　第7章は，「日本人海外留学生・留学経験者の就職問題と日本企業の採用管理の諸課題」『立命館経営学』第55巻第3号，2016年11月，初出．

　　第8章は，「タレントマネジメント論（Talent Managements）に関する一考察」『立命館経営学』第53巻第2・3合併号，2014年9月，初出．

　第6章は，平成30（2018）年度　厚生労働省委託調査「高度IT外国人材に対するマッチング支援の在り方の検討（外国人雇用対策に関する実態調査）：三菱UFJリサーチ＆コンサルティング株式会社担当」において筆者が座長として得られた知見に依拠して論述をおこなっている．本調査に関わり議論を展開賜った諸兄と関係する厚生労働省・三菱UFJリサーチ＆コンサルティング株式会社担当各位に心より感謝申し上げたい．

　なお，序章・第9章・第10章・第11章・第12章・結章は，本書のために新たに書き下ろした．

　また，本書は，日本学術振興会の基盤研究C「グローバルタレントマネジメントの国際比較による類型化とその新理論の構築」（研究課題/領域番号16K03912：

研究代表者　守屋貴司，共同研究者　橋場俊展：研究期間2016年4月1日—2019年3月31日）
の最終研究成果報告の一部である.

　それに加え，本書は，立命館大学の「学術図書出版推進プログラム」の審査
を経て採択され，その出版助成を受けて，2019年度に出版するものである. こ
こに記して，謝意を表したい.

　また，本書は，一般財団法人アジア太平洋研究所（APIR）の「これからの日
本型雇用システムを考える」研究会（2019年度）での様々な議論から多くの示
唆を得て，作成することができた. アジア太平洋研究所代表理事の岩野宏氏，
同研究会のリサーチリーダーである神戸大学准教授の勇上和史先生をはじめと
した研究会メンバーおよび事務局に深く感謝申し上げたい.

　出版事情の厳しき折に，本書のような学術書の出版をお引受け頂いた晃洋書
房にも深く感謝申し上げたい. 特に，本書の編集をご担当頂いた丸井清泰氏に
は，本書の原案・構想段階の2017年よりご助言を賜り，本書の編集にあたって
はひとかたならぬお世話になった. 重ねて御礼申し上げたい.

　また，本書にあたって，多くの励ましと助言を頂いた長年の友人である山崎
敏夫教授をはじめとした立命館大学経営学部の同僚諸兄と本書の構想段階から
助言を頂いたシェフィールド大学名誉教授の長谷川治清先生，神戸大学教授の
上林憲雄先生，関西学院大学経済学部教授の井口泰先生には心より感謝申し上
げたい.

　最後に，日々の教育・研究の支えとなった家族である妻・由美，長女・真帆，
長男・貴弘にもこの場をかりて感謝の意を表することをお許しいただきたい.

　2020年1月1日

滋賀県大津市　瀬田川の畔にて

守屋貴司

日本が抱える人材活用の課題

1．問題意識と研究背景

　まず，本書の問題意識と本書の社会的研究背景について述べたい．

　世界中でグローバル化が進行し，その下で，労働のグローバリゼーションが進行し，労働が国境を越えて移動することとなっている．日本を振り返ると少子高齢化によって，人口のみならず，消費・労働力人口の減少が想定される反面，日本多国籍大企業のグローバル化も更なる進展が求められ，高度な「グローバル人材」が求められている［西山・平畑編 2014］．そのような背景として，日本における高等教育機関（大学・大学院等）において「グローバル人材」教育への関心が高まると同時に，世界的にも新しい人事制度としてのタレントマネジメント，ダイレクトリクルーティングの誕生と普及がおこっている［守屋・中村・橋場編 2018］（この点については，本書の第8章から第13章において詳しく見ることにしたい）．タレントマネジメントの導入によって，先進的な日本多国籍大企業（および日本企業全般）において見えざる人材情報がグローバルな規模でより「可視化」され，グローバル人材の中からグローバルビジネスリーダーを選抜・育成・登用を図りつつある［吉田 2012］．しかし，グローバルタレントマネジメントを実際に展開し，成功できている企業事例は，日本多国籍大企業の中でも比率的にわずかであるように見受けられる．日本国内の企業全般においても，クラウド型のタレントマネジメントシステムが導入されて，「人事情報の可視化」がすすみ，離職防止施策強化，人材の最適配置・抜擢，スキルアップ支援，社員の声活用・ES（従業員満足）向上，採用ミスマッチ，モチベーション分析，リアルタイム評価を図られつつあるが，その十分な活用は日本企業全体からみて比率的に少ない．そのような状況の中，様々な理由から外国人留学生をはじめとした高度な外国人材の日本企業への定着も十分に進んでいない．また，そのような中，ダイレクトリクルーティングといった新しい人材採用のツールは，「グローバル人材」の採用にプラスの効果も推定され，働く現場では様々な模索が

交錯している.

　そして，日本および世界の新しい様々な人事制度改革の中，高度なグローバル人材（特に，リーダー層や専門職層）を巡る争奪戦は一層激しさを増しつつある．また，近年（2019年），世界の中で中国経済・中国多国籍大企業などの新興国大企業が様々な矛盾を抱えながらも台頭する反面，日本の多国籍大企業は，国際的に見れば，相対的に国際的な地位を低下させつつある[1].

　また，中国では更なる経済発展をおこなうために，自国の海外留学生の帰国政策を積極的に示し，そのため外国人留学生が日本でその多くが就職せず（もちろん，あえて日本企業に就職する外国人材もいるが），母国，特に中国に帰国する傾向が増大している．このように，日本よりも母国・中国に帰国する外国人留学生が増大すると同時に，日本人の留学経験をもつ優秀層（特に女子学生）の一部が，就労における男女均等などの状況がなかなか改善されないなどの日本の閉塞状況の中で，海外で就労することや外資系企業を就職先に積極的に選択する傾向が深まりつつある．このように外国人留学生のみならず，日本人優秀層の一部までもが，意図的に日本・日本企業での就労を忌避し，アメリカやドイツ等の国で就職する状況を，本書では，「見捨てられる日本・日本企業」ととらえ，このような状況から脱却するための日本企業・日本政府の処方策が探られるべきと考えている．この点は，世界的な人材争奪戦（Talent for War）において，高度外国人材の国際的な移動先として，日本・日本企業へという選択がアメリカやEUより厳しくなっているのではないかという状況分析と重なる点である．もちろん，この点は2019年時点，アメリカがトランプ政権の成立によって，移民受け入れを規制し，相対的な選択肢の中で，日本が浮上している状況や日本のベンチャー・ブームによって，日本のベンチャー企業が，高度IT外国人材にとって魅力的な条件を提示できるようになっているという点はあるが，相対的に見れば「見捨てられている」ということになろう[2].

　また，本書を貫く大きな問題意識としては，岡・深田［1995］などによって指摘されてきた，日本の独特な単一文化社会に外国人材，外国人留学生や海外留学経験を経た日本人材が「異文化の担い手」として，日本企業組織にインパクトを与え，日本の「企業社会」を変化させる可能性を有しているにもかかわらず，力を発揮できていない点である．日本企業組織自身も，外国人材や外国人留学生の採用への期待において，社内への刺激を求めており，日本企業の日本的な文化組織を変革してくれる変革主体として，外国人材や外国人留学生へ

の期待がある．この問題意識では，同時に，「異文化の担い手」である外国人材，外国人留学生が，日本社会に対する不適応を乗り越え，いかに異文化の担い手としての「変革主体」となることをサポートしてゆけば良いのかと言う教育上の問題意識も同時に有している．

　外国人材や外国人留学生もしくは豊富な海外経験を経て帰国した日本人留学生等の日本企業の「変革主体」としての期待は，具体的には，日本的な集団主義的組織風土や独特な単一的文化に大きな影響を与え，日本企業の組織風土や文化をダイバシティ（多様な）な人材を受け入れる組織風土・文化に変化させ，日本人従業員の個の「自立・自律化」を促進し，高いモチベーションを抱く企業組織に変化させることにある[3]．また，高度外国人材や外国人留学生の日本社会における「変革主体」としての期待は，一定数の「塊（かたまり）」としての高度外国人の日本の就労や移住は，ともすれば「単一文化」的な日本社会を改変し，日本が豊かな多文化共生社会に変わる道を切り開くものである．

　また，日本人の長い歴史から見れば，加藤周一が指摘するように，古代を含めて大陸からの影響で，日本社会・日本文化・異本経済が成立してきた大陸の影響を受けた時期から，平安時代や江戸期のように，あえて大陸からの文化的・社会的・経済的な影響を閉ざすことで，日本文化・社会・経済的特徴があらわれる時期が交互にくるという説もある．その意味では，グローバルな影響を，日本文化・日本社会・日本経済が受け止めつつ，今は，ダイバシティ社会に変容する時期にきているともいえよう［加藤 1979］．

2．本書の研究目的

　前述したような日本を取り巻く環境変化を背景として，近年，日本における教育機関・企業において，日本人の「グローバル人材」になるための教育や外国人高度人材（特に，外国人留学生）の育成・採用・定着・配置・キャリア開発等についての関心と取り組みが進んできている[4]．その表れとして，先進的な日本多国籍大企業を中心として，新しい管理技法であるタレントマネジメント等について関心がもたれると同時に，高度なタレント（才能）を有する「グローバル人材の採用・育成・選抜・登用とグローバルな配置」などが積極的に展開されつつある．また，日本の教育機関（大学・大学院等）では「グローバル人材」の育成がここ10年間，大きな教育課題となってきた．そこでは，日本の財界お

よび日本政府が日本の高等教育機関（大学・大学院等）が日本人・外国人留学生の「グローバル人材」を育成し，日本企業がそうした「グローバル人材」を「グローバルタレントマネジメント」や「ダイレクトリクルーティング」などの「新しい人の管理制度・技法」を用いて，採用・配置・育成・抜擢などを図ってゆくことが模索されてきた．

それゆえ，本書の第1の研究目的としては，日本の教育機関（大学等）が日本人や外国人留学生をどのようにして「グローバル人材」として育成し，日本企業がそうした「グローバル人材」を「ダイレクトリクルーティング」等で採用し，「グローバルタレントマネジメント」によって，「日本的」に，能力開発・抜擢・育成・登用し，競争力源泉にしてゆこうとする方策を示すことである．その問題点やその実態の解明を通して，グローバル人材育成とタレントマネジメント等の新しい人の管理制度の「日本的特徴」や「傾向性」を明らかにすることにある．

そして，本書の第2の研究目的は，日本や日本企業が目指す前述したような方策や方向性が，日本社会・日本企業全体を俯瞰すれば，上手くいっておらず，「グローバル人材」である優秀な海外経験を有する日本人学生や外国人留学生といったグローバル人材の中の優秀層の一部から日本・日本企業が人材争奪戦の中で見捨てつつある現状について解説し，タレントマネジメント・ダイレクトリクルーティング等をはじめとしたその処方箋（対策等）について解明することで，日本的人材育成やタレントマネジメント等の改善課題を明らかにすることである．

3．本書の分析視角

本書では，① 世界資本主義・日本資本主義の変容と少子高齢化による日本の急激な人口減少，② 技術革新，③ 人事管理の「移転・変容・最適化」（その中でのタレントマネジメントの「移転・変容・最適化」）といった3つの分析視角を有している[5]．

世界資本主義・日本資本主義の変動は，企業の環境要因として，バブル経済崩壊以降のグローバリゼーションの台頭とIT化という世界経済を変えた変化とそれと連動した製造資本主義である日本経済の揺らぎといった変化を指している．そして，リーマンショック以降で言えば，新興国や新興国の多国籍大企

業の台頭といった事態の中での世界経済の変貌と日本資本主義・日本多国籍大企業の変化といった点を指している．それは，日本資本主義と日本多国籍大企業の相対的地位の低下としてあらわれている［夏目 2014］．

　そして，世界資本主義の今後の行方を見据えた日本資本主義・日本企業の今後がどうなるのかいう視点も本書の重要な分析視角である．すなわち，リーマン・ショック以降の中国，韓国，香港，台湾，東南アジア諸国などの新興国とそれらの諸国の多国籍大企業の台頭という新たな段階における日本の「グローバル人材」の育成と日本企業におけるタレントマネジメント等のあり方を考えることも，日本と日本企業のために重要な課題である．

　また，日本資本主義を取り巻く内部環境要因として，少子高齢化による日本の生産人口の先進国でも急速な減少問題がある．この結果，生産労働人口が減少し，海外からの外国人材の日本への誘致が必要となっている．国内の地域振興においては，国内の地域を支える中小企業等の製造・インバウンド分野等の成長分野で，通訳や国際ビジネス等の優秀な外国人材の採用・活用が不足すると将来の十分な成長が阻害される点が懸念される．

　もう1つの分析視角は，技術革新の分析視角である．人工知能，IoT，フィンテック，バイオテクノロジーなどの世界規模での技術革新競争では，必然的に，それらの技術開発や技術革新を担う技術開発者・研究者の高度外国人人材の世界規模での争奪戦となっている．その中で，いかに優れた高度外国人材を獲得・定着させるかをはかると同時に，自国の技術開発を担う人材が海外流出しないような対策をおこなうことが重要である．この点においても，日本は大学の理系のポストドクター人材の問題や若手の理系研究者の任期制の比率が高まっており，日本人の優秀な若手の研究者の海外流出も大きな懸念点であり，この点も，本書の副題である「見捨てられる日本」の一断面と言える．

　もう1つの分析視角は，人事管理の「移転・変容・最適化」の分析視角である[6]．「人の管理」は，世界資本主義・各国の環境変化に適応しながら異なる管理システム等を参考に，自社の管理システムをベースに変容を試み，経営戦略に基づきながら，その最適化をはかろうとするという点である．この分析視角では，「収斂論」に代表される日本の人事制度がアメリカの人制度に「収斂」するという見解があったり，もしくは反対に，アメリカの人事制度が，日本の人事制度に「収斂」するといった見解があったりする．もしくは，日本の人事制度は「収斂」せず，独自の展開を示しつつあるとする見解もある[7]．本書では，

それらの諸見解を念頭におきつつ，人事管理の「移転・変容・最適化」といった分析視角から「人の管理」の展開について若干の分析を試みることにしたい．

4．管理制度論的アプローチとキャリア＆ライフデザイン研究アプローチの融合的フレームワーク

　本書の研究方法としては，管理制度論的アプローチとキャリア＆ライフデザイン研究アプローチの融合的な研究方法をとっている．

　管理制度論的アプローチでは，ダイバシティマネジメントやタレントマネジメント論などの欧米の新しい「人事管理」に関する諸理論に基づく諸実践を様々な角度（科学的・政治的・実践的・統制的視座からの人事制度設計・制度構築・実践の意図やその展開上での問題と課題の解明等）から分析し，その問題点と矛盾・課題は何かを独自の視点から明らかにする研究方法である[8]．本書では，企業の実際の「人事管理」を分析する際，管理の諸制度がどのような経営戦略的意図から構築され，それが，管理者・従業員層にどのような影響を与えるのかについてその光と影の双方から分析をおこない，外国人材や外国人留学生，そして，海外留学経験を経た人材の採用・獲得・定着・キャリア開発にとって，その企業組織にとって，最もなにが，人材のダイバシティ（多様性）の拡大と「個」の自立・自律化を促進する上でどのように矛盾を克服し，課題を解決するかについて，実態的に分析をおこなうことにある［太田 2009］．

　管理制度論的アプローチでは，旧来型の「企業社会」的で，日本人の男性正規従業員中心の管理構造から，様々な外国人材や外国人留学生を受け入れ，様々な価値観を受け入れるダイバシティマネジメントを積極的に推進し，ともすれば長いロードレースのような日本企業社会的な選抜原理による旧来の閉塞的な人事管理制度からタレントマネジメントに基づく新しい「人材情報の可視化」による科学的かつ個別的な人事管理制度へ「最適化」してゆくのかを探る．

　また，管理制度論的アプローチの分析では，前述した人事管理制度分析に加えて，人事管理の「最適化」の分析視角から日本企業の旧来型の「人事管理制度」の行方についても探ることも大きな課題である．人事管理の「最適化」とは，海外の人事管理技法・制度を，まずは部分的に移転を試みて，新制度を接ぎ木的・部分的に導入し，その分析を通して，日本の人事管理制度を，それぞれの日本企業組織の文化的・政治的コンテキストや日本の法制度，外部労働市場，労働組合等との諸関係との調整を図りながら，最適化を志向し，変容させ

続けるプロセスである．ただ，海外の人事管理技法、制度の日本への移転をどうすべきかという問いは，そもそも「最適化」に，「最適解があるのか」という問いでもある．

　もう1つの研究方法は，キャリア＆ライフデザイン研究アプローチである．キャリア＆ライフデザイン研究のアプローチでは，外国人材や外国人留学生，そして，海外留学を経験した日本人の「グローバル人材」などのキャリア＆ライフデザインの視点から分析をおこなうことである．管理制度論的アプローチが，企業分析的な視点のアプローチであるとすれば，キャリア＆ライフデザイン研究のアプローチは，個人行動分析の視点からの研究アプローチであるといえる[9]．労働移動の観点から見れば，日本の企業システムの支えられた高度IT人材の育成を例に見れば，日本的な情報技術者養成教育の枠組みでの閉じられた「囲い込み」的な養成をおこなっており，その是非についても，実際の外国人・日本人の高度IT人材等のキャリア＆ライフデザインの視点からも問い直されることが必要である．

5. 「グローバリゼーション」と「グローバル人材」の定義づけと日本大企業におけるグローバル人材の国際人事管理の課題

　まず，本書の表題ともなっている「グローバル人材」というところの「グローバリゼーション」を本書においてどのように捉えるのかについて更に整理しておきたい．

　グローバリゼーションでは，インターネットに代表されるIT（情報技術）技術を基礎として国境の障壁が低くなり，世界的な規模で巨大な資金を流動化による金融のグローバリゼーションが進行すると同時に，世界的な規模で様々な機能を分散化させた巨大多国籍企業が世界的な生産の国際的分業（生産のグローバリゼーション）と世界的な規模での物流活動を促進することとなり（物流のグローバリゼーション），グローバル化が進行するようになった．そして，世界の人々の活動が，市場経済の中に包摂されるようになったと言える［伊豫谷 2005；赤羽・夏目・日高編 2009］．

　本書において「グローバル人材」とは，このような「グローバリゼーション」を背景として，国境や国籍に縛れることなく自由にその才能を活かして移動する高度人材のことを呼んでいる［駒井監修・五十嵐・明石編 2015：74］．この場合，外国人材の場合もあるし，当然，日本人の場合もあるが，共に位置づけとし

ては，「グローバル人材」ということになる．

　しかし，日本大企業の場合，現地で雇用された日本人・外国人材は，現地人材とされ，時に，本国・日本で採用された外国人留学生や日本人学生が「グローバル・スタッフ」とされ世界配置の対象とされてきた．近年になって，日本大企業で海外の現地採用された人材（外国人材）でも能力が高ければ，採用国のみならず，世界配置がなされるようになった．また，人事評価・賃金処遇面においては，日本での採用スタッフと欧米・アジア諸国などでの採用スタッフでは大きく異なる場合がある．最近では，現地法人の役員クラスと日本からの派遣された日本人役員スタッフでは，報酬面で大きく異なる場合もあり，国際人事管理においてこのような「ダブルスタンダード」の溝をどのように埋めるべきであるかも大きな課題となっている［関口・竹内・井口編 2016］．

6．本書の構成

　序章では，前述してきたように，「問題意識と研究背景」，「本書の研究課題（研究目的）」，「本書の分析視角」，「管理制度論的アプローチとキャリア＆ライフデザイン研究アプローチの融合的研究フレームワーク」，「グローバリゼーションとグローバル人材の定義づけと日本大企業におけるグローバル人材の国際人事管理の課題」，「本書の構成」について論じることで，本書の研究目的・分析視角，研究のフレームワークや本書で取り扱う学術的論点，本書の構成について明らかにしている．

　第1章では，日本の「グローバル人材」育成の議論が，「グローバル人材」の理念・理論とは別に，政策的・実態的に，日本の経営者団体に誘導される形でなされていることに言及する．日本人学生の場合，属人主義的な能力形成の上に，「日本人学生の海外留学拡大」となり，「外国人留学生の受け入れ拡大」では，外国人留学生の日本語・日本文化を学んだ上での日本企業の「グローバル人材」へという図式になっている．これに対して，世界では，職務主義的な国際的な著名な高等教育機関（大学院）で国際認証を受けたMBAやPhDを獲得した人材がグローバル市場での活躍と市場的な評価を通して，「グローバル人材」となる図式となっている点を指摘した．そのうえで，日本のグローバル教育という側面では，「日本的枠組み」と「世界的なグローバル的枠組み」の2つが存在している．日本多国籍大企業は，売上高や世界的な労働力構成では，

海外比率を益々高めつつあり，この日本的な枠組みのグローバル人材の育成と世界的なグローバル人材の育成は相矛盾するものとなるし，世界的な基準（グローバルスタンダード）に順応した外国人材と日本人材の人材獲得でも，一般的に採用や定着に困難を強いられることとなっていることを明らかにした（もちろん，その中でも，日本の属人主義的な良さを認識するグローバル人材も存在する）．

　第2章では，日本における外国人高度人材受け入れの法改正とその対象となる外国人材の日本の状況について概観している．その後，本における「高度外国人受け入れ」の実態と課題について，諸調査から紹介・分析をおこなっている．そのうえで，日本の外国人高度人材の受け入れを検討する上で，移民先進国であるシンガポールの移民政策における外国人人材の受け入れ制度について見ている．

　第3章では，外国人高度人材の中核となる外国人留学生の中でも，最も数量的に多い中国人留学生の就職問題と日本企業への就職後の雇用継続問題について論じている．特に，中国人女性の日本企業への就業継続の大きなハードルとなる出産・育児問題とそれへの支援サポートについて，ヒアリング調査を通して詳細に紹介・分析をおこなっている．また，あえて，日本企業に就職するのを忌避し，母国・中国に帰国する人材にも目を向け，ヒアリング調査を通して，そのディテールを明らかにしている．

　第4章では，今や日本の就職活動の中心となっているインターンシップと外国人留学生の成長・育成との関係を分析している．特に，外国人留学生にとって有益な能力開発となる長期型インターンであるコーオプ演習（Cooperative Seminar）や産学連携型の新しい学習スタイルであるPBL（Project Based Learning：課題解決型学習）の「グローバル人材育成プログラム」における立命館大学での取り組み事例の紹介をおこない，外国人留学生の人材育成課題についての考察をおこなっている．

　第5章では，日本の中小企業の国際展開を支える人材として，外国人材，その中でも日本の大学・大学院で学び，日本の中小企業に就職した外国人留学生の優秀層を中心に分析・解明をおこなっていく．本章では，日本の中小企業が，いかにすれば，「高度な外国人材：特に，大学・大学院卒の留学生」を採用し，外国人材が満足するキャリア開発や配置・異動・処遇をおこない外国人材の定着化を図ってゆくのかを明らかにしている．しかし，外国人材（特に，外国人留学生）も，基本的に，大企業志向であり，その中で，いかにすれば，日本の中

9

小企業に優秀な外国人材を採用できるかという点も大きな経営課題と人材採用戦略がある．また，日本人以外の高度な外国人材は，職務主義であるため転職意欲も高く，母国への帰国の希望も高いため定着を高めてゆくことも大きな中小企業の経営課題であり，人材採用戦略の課題でもある．このような人材採用戦略やキャリア開発・報酬管理・福利厚生などの戦略的人的資源管理についても解明をおこなうことが，本書における重要な論点として設定している．

　第6章では，韓国，インド，ベトナムにおけるIT外国人材の送り出し状況を概観した後，世界からの日本へのIT外国人材などの国際移動を分析すると同時に，先行研究や先行調査の紹介をおこなっている．その上で，日本のIT中小企業がIT外国人材を獲得するための採用管理方法・募集方法や採用後の定着を図るための最適な人材開発，評価制度，賃金管理などの人事諸制度について分析をおこなっている．第6章は，筆者が座長を務めた平成30年（2018）度　厚生労働省委託調査「高度IT外国人材に対するマッチング支援の在り方の検討（外国人雇用対策に関する実態調査）：三菱UFJリサーチ＆コンサルティング株式会社担当」において得られた知見に依拠して分析をおこなっている．グローバル人材の獲得・定着・育成においても，優秀なIT外国人材の獲得は，今日の世界のICT化の潮流の中でも最も重要な国家政策課題ともなっている．また，オリジナルヒアリング調査によって，IT外国人材等の優秀な外国人材と日本企業を仲介する日本の人材企業の実態やIT外国人材の採用プラットフォームを提供する日本企業の取り組みについても紹介・分析をおこなっている．

　第7章では，日本企業の「タレントマネジメント」にマッチした「グローバル人材」や広く世界的な視野にたつ「グローバル市民」に日本人の海外留学生・留学経験者がなり，かつ，それらの日本人の海外留学生・留学経験者が日本企業に採用・就職されていくためには，どうすれば良いのかという実践的な課題について，筆者独自のヒアリング調査をもとに論じている．それと同時に，日本企業の巨大企業から中小企業，更にはNGO，NPO，公的機関が，日本人の海外留学者をその体験や能力を活かす形で広報・採用していくためにはどのような採用管理をおこなえば良いのかという実践的経営課題について分析をおこなっている．また，最近，一部とはいえ，あえて，日本企業に就職せず，外資系企業や外国企業に就職する優秀な日本人もいる．そのようなグローバル人材へのヒアリング調査をおこない，その心理的ディテールを明らかにしている．

　第8章では，グローバル人材の採用・育成・抜擢に適応した新しい理論であ

るタレントマネジメントとは何かについて論じている．そこで，まず，タレントマネジメント論と人的資源管理論の学術的関係性について，明らかにしている．学術的関係性とは，タレントマネジメント論が，人的資源管理論が人事管理論に代替したように，人的資源管理論に代替するのか，もしくは，補完する関係性にあるかについて言及をおこなっている．そして，タレントマネジメント論にもとづくタレントマネジメントの日本への導入・展開の現状・課題と問題点の整理をおこなっている．

　第9章では，外国企業におけるタレントマネジメントと日本の外資系企業におけるタレントマネジメントについて論述・考察をおこなっている．まず，外国企業のタレントマネジメントの概況を先行研究から紹介・分析をおこなっている．外国のタレントマネジメントでは，その国独自の文化に適応した人材の抜擢・育成や日本の外資系企業の先行研究からわかる課題を明らかにしている．そのうえで，外資系の定性的調査（ヒアリング調査）を通して，外国企業・外資系企業のタレントマネジメントの特徴について明らかにしている．

　第10章では，日本多国籍大企業のグローバルタレントマネジメント導入を通しての人材育成・配置についてみることにしたい．まず，先行研究から日本多国籍大企業のグローバルタレントマネジメントの特徴について考察をおこなっている．そこでは，日本多国籍大企業のタレントマネジメントの特徴が，人事情報の可視化や，必要なタレント人材を積極的に採用し，その優秀なタレント人材に積極的にその人材に適した教育訓練をおこない，その能力を開発し，人材配置・登用していく点などを指摘している．そのあと，日本多国籍大企業のグローバルタレントマネジメントの事例を紹介し，その問題点と課題を明らかにしている．

　第11章では，日本型（日本国内完結型）タレントマネジメントについて筆者独自のヒアリング調査から紹介・分析おこなっている．日本型（日本国内完結型）タレントマネジメントでは，現状の日本企業の属人主義的な人事システムにあわせる形で，タレントマネジメントアプリケーション（クラウド型人事統合システム）を導入し，タレントマネジメントの特徴である人事情報の「見える化」を軸として，タレントマネジメントの展開を目指している．既存の個々の個別の企業の旧来型の人事システムにあわせる形で，タレントマネジメントアプリケーション（クラウド型人事統合システム）を導入するため，欧米企業のような職務主義的な要素や世界統一標準をもつこともないし，戦略的なリーダー層

の選抜・育成・登用といった機能までも包摂しないが，これまで眠ってきた人事情報の蓄積データ（ビッグデータ）を「見える化」することで，人事情報のビッグデータの時系列的に分析をおこなったりすることで，これまでブラックボックスであった人事管理の科学的な分析手法を容易に導入できるようになったといえる．このような日本型（日本国内完結型）タレントマネジメントは，グローバル人材に適応的な新たな「人の管理システム」であるといえる．

第12章では，日本企業において，タレントマネジメントの概念を利用したタレントプールの活用によるダイレクトリクルーティングについて紹介・分析をおこなっている．ダイレクトリクルーティングとは，タレントプールを活用し，自社に興味を抱く優秀人材に対して，積極的にアプローチをかけ，採用をおこなうことにある．ダイレクトリクルーティングの方法としては，まずは基本的な方法としては，TwitterやFacebook，InstagramなどのSNSを活用して，対象となる層の心を掴み，募集への応募に繋げ，採用・定着を図ることである．

そして，結章では，序章で掲げた「研究目的」に関して，本書全体の論述を通して解明しえた点を整理・分析し，日本におけるグローバル人材の育成とタレントマネジメントの現状・構造・課題について明らかにしている．

7．本書における調査方法

本書で用いた調査方法の一つは，「定性的調査法（ヒアリング調査）」である．本書では，「定性的調査法（ヒアリング調査）」によって，多くの実態の解明に努めている．本書のヒアリング調査では，予め調査質問用紙を作成し，事前に，メール等で質問を送付し，その後，面談をおこない，調査目的に沿って，質問をおこない，時に質問項目から離れた質問をおこなった．その意味でこの調査は，「半構造化調査法」に基づいて，調査を実施したといえる．質問調査用紙の質問項目に沿いながら，質問へのリプライを展開してもらい，グローバル人材たる外国人留学生，外国人人材，日本人留学生，日本人留学経験者，人事担当者，経営者，それぞれの「意味的世界」を立体的かつ構造的に明らかにし，その深層心理にまでわけいり，迫った．それらのヒアリング調査では，録音・記録し，それぞれのヒアリングごとに，その全体的傾向性やその真意について吟味し，明らかにした．

このような「定性的調査法（ヒアリング調査）」において，調査対象となる外

国人材,日本人材に対して,「ライフヒストリー法」を用いた．ライフヒストリー法では，単にヒアリング調査を忠実に再現することのみならず，語り手の語りを様々な資料等で補い，時系列的に整理するなどする．ライフヒストリー法のアプローチとしては，実証主義，解釈的客観主義，対話的構築主義がある．本書の調査では,実証主義的アプローチと解釈的客観主義アプローチをとった［桜井 2002］．

　本書で用いた調査方法のもう1つは，「フィールドワーク調査法」である．フィールドワークという研究手法は，人類学において民族誌を書くために開発された調査手法であるが，その後，心理学，社会学，教育学，看護学，認知科学・経営学などの分野においても重要な研究手法となっている．本書のフィールドワーク調査では，「グローバル人材」たる外国人留学生や日本人海外留学経験者，タレントマネジメント展開する人事担当者などを対象に，面接や観察などを長期（15年）にわたっておこなった研究成果でもある．本書のフィールドワーク調査では，解釈的アプローチをも用いている［箕浦編 1999］．

　解釈的アプローチは,人々の生活世界が,文的な意味の重構造的な構成をもっているという考えにもとづくものである．本書のフィールドワーク調査では，外国人留学生や海外経験を有する日本人学生の一人一人の意味的世界を，学生間のかけあいや一人一人の行動や語りなどを読み解くように努力した．本書のフィールドワーク調査では，観察法を軸におこなっている．

　注
　1）　中国をはじめとした新興国の多国籍大企業の台頭と日本の対国籍大企業の相対的な力の低下に関しては，夏目［2014］参照．
　2）　外国人材受け入れの選別メカニズムの国際比較に関しては，小井土編［2017］参照．
　3）　「個の自立化」に関しては，片岡編［2004］参照．
　4）　「グローバル人材」の政策と現実に関しては，駒井監修・五十嵐・明石編［2015］参照．
　5）　この分析視角の関しては，守屋［2019］参照．
　6）　管理の「移転・変容・最適化」に関しては，高橋・日高・林編［2000］参照．
　7）　日本の人事・雇用システムの収斂を巡る議論としては,山内［2014］,黒田・山崎［2012］などを参照．
　8）　人事管理制度論的アプローチについては，Bratton and Gold［2003］参照．
　9）　キャリア＆ライフデザイン研究のアプローチとしては，高橋［2012］参照．

第1章

日本における「グローバル人材」
とは何か

1．日本における「グローバル人材」の育成を巡る議論とは

　　まず，日本における「グローバル人材」育成を巡る議論が，日本の経営者団体（日本経済団体連合会，日本経済同友会等）の主導でまずなされ，日本政府官邸等の会議を経て，その後，文部科学省の指導の下，独立行政法人である旧帝国大学を中心とした国立大学が「グローバル人材養成」をめざし，また，私立大学も文部科学省の様々な助成金誘導型の事業への応募・採択を通して，「グローバル人材養成」の高等教育政策を，社会的に無批判に進行している［吉田 2014：28-39］．

　　その近年最も特徴的な高等教育政策が，「スーパーグローバル大学創生支援事業（SGU）」である．これは，文部科学省は2014年 9 月26日，大学の国際競争力を高めるために重点的に財政支援する「スーパーグローバル大学」に，国公私立大37校を選定したものである（表 1 - 1 ）．2023年度までの10年間に 1 大学当たり最高約 4 億2000万円の補助金を毎年支給し，日本の大学の国際化を促し，グローバル人材の育成を急ぐとしている．この「スーパーグローバル大学」の選定では 2 つの枠があり，海外から優秀な教員を獲得し世界大学ランキング100位以内を目指す「トップ型」の枠には東京大学や京都大学など13校が選定されている．そして，大学教育の国際化のモデルを示す「グローバル化けん引型」に24校を選定した．トップ型には年約 4 億2000万円，けん引型には同約 1 億7000万円を補助することとなっている[1]．

　　文部科学省の「スーパーグローバル大学創生支援事業」の「グローバル化けん引型（ 1 億7000万円補助）」では，補助金よりも，大学からの支出が大きくなる傾向があり，各大学においても，受け入れには，賛否両論があった．また，「スーパーグローバル大学創生支援事業」の「グローバル化けん引型（ 1 億7000万円補助）」では，採択評価項目・達成目標が，年俸制度の導入など人事制度に関わる諸点が加味されるなど大学のガバナンスに関わる改革にまで及んでいる．

表1-1　スーパーグローバル大学に選ばれた大学

トップ型（4億2000万円補助）
北海道大，東北大，筑波大，東京大，東京医科歯科大，東京工業大，名古屋大，京都大，大阪大，広島大，九州大，慶応義塾大，早稲田大

グローバル化けん引型（1億7000万円補助）
千葉大，東京外国語大，東京芸術大，長岡技術科学大，金沢大，豊橋技術科学大，京都工芸繊維大，奈良先端科学技術大学院大，岡山大，熊本大，国際教養大，会津大，国際基督教大，芝浦工業大，上智大，東洋大，法政大，明治大，立教大，創価大，国際大，立命館大，関西学院大，立命館アジア太平洋大学

出所）日本経済新聞（http://www.nikkei.com/article/DGXLASDG26H03_W4A920C1CR0000/，2019年10月3日閲覧）．

2．「グローバル人材」育成の議論と高等教育政策の展開

　次に，これまでの「グローバル人材」育成の議論と高等教育政策の歴史的展開について，ごく簡単にみておきたい．

　日本政府の「外国人留学生30万人計画」をもとにしたグローバル30が1990年代から進行し，高等教育機関（大学）への外国人留学生の受け入れ政策とその送り出し（帰国，日本企業への就職）政策が展開され，現在に継続している．

　産学連携によるグローバル人材育成推進会議は，平成23年4月28日の「産学官によるグローバル人材の育成のための戦略」において，「優秀な外国人留学生は，日本人学生はもとより社会全体に大きな刺激を与える存在であるとともに，彼らが日本文化に直に触れることで，日本や日本人に対する理解を深め，帰国後も両国間の架け橋になる重要な人的存在であると考えられる．諸外国が知識基盤社会における高等教育の重要性を再認識し，国を挙げて外国人留学生の確保に取り組む中，日本も遅れをとることなく，その特色や強みを活かした独自の取組を展開する必要がある．」と指摘して，外国人留学生の日本への誘致の重要性をしている．[2]

　「グローバル人材」育成議論では，まず，主眼として，日本人学生の「グローバル人材」への育成に主眼がおかれ，財界（日本経済団体連合会，日本経済同友会）主導で議論が展開されることとなる．その後，それが，文部科学省の高等教育政策となり，産学協同での議論に発展している．すなわち，ここでの「グロー

バル人材」とは，主として，日本人（留）学生，優秀な外国人留学生，グローバル企業人材の３つのタイプを意味している［殷・田中 2013：133-51］.

3. 欧米の「グローバル人材＝グローバルリーダー，グローバルタレント」との差異

欧米の「グローバル人材」の用語として使用されるグローバルリーダー，グローバルタレントの定義や理論と日本における「グローバル人材」像とは，やや異なっている．それは，前述したように，日本の財界の「グローバル人材」の育成に対応する「グローバル人材」像にマッチする形で，日本における「グローバル人材」像が形成されたことに一つの誘因を見出すことができる.

欧米のグローバルリーダー論では，職務主義的なコンセンサスのもと，首尾一貫性（Integrity），透明性（Transparency）といった公共性を意識した議論が政治学分野等を中心に展開されているが，日本では，英語力，異文化適応力，主体性，チャレンジ精神といった職務遂行能力を高めることが議論と育成の中心におかれてきた点に，大きな差異があることが気づかされる[3].

また，欧米のグローバル・リーダー論，グローバルタレント論は，欧米の職務主義に基づき職務と直接むすびつくグローバルリーダーのコンピテンシーやグローバルリーダーシップスタイルの摘出とそうした行動特性を身に着けること（学習）が主眼におかれている［永井・椿・キャロライン・木野 2015：5-13］. グローバルリーダーシップ論の代表的かつ先駆的な実証研究は，Houseら［2004］の研究であり，業績志向，チーム志向，参加型，自立型，自己防衛型などの六つのグローバルリーダーシップスタイルの測定尺度をつくりだした［House et al. eds.2004］. また，Joldnen［2005］は，グローバルコンピテンシーに関する先行研究を検討し，グローバルコンピテンシーの国際比較研究を展開している［Joldnen 2005：199-216］.

欧米の職務主義に基づいてグローバルリーダーのリーダーシップ分析や行動特性を通して，グローバルリーダーのコンピテンシーやグローバルリーダーシップスタイルを明確化し，その学習のためのプログラムをつくりあげるが，属人主義をとる日本企業の場合，所属する企業組織に応じて求められる「グローバル人材」の能力は大きく異なることともなり，「グローバル人材」の概念は，抽象的にならざるをえない［大学行政改革支援・学位授与機構 2017］.

グローバル人材育成推進会議の審議まとめとしては，日本の「グローバル人

材」の概念としては，下記の三つの要素が掲げられている．

　　　要素Ⅰ：語学力・コミュニケーション能力
　　　要素Ⅱ：主体性・積極性，チャレンジ精神，協調性・柔軟性，責任感・使
　　　　　　　命感要
　　　素Ⅲ：異文化に対する理解と日本人としてのアイデンティティー

　そして，日本の「グローバル人材」の議論では，測定可能な要素Ⅰ（「道具」
としての語学力・コミュニケーション能力）を基軸としながら，要素Ⅱ・要素Ⅲの能
力を育成することを課題としている[4]．

　日本経団連が2014年11月25日から2015年2月6日にかけておこなった経団連
会員企業243社・非経団連会員企業220社からアンケートを回収した「グローバ
ル人材の育成・活用に向けて求められる取り組みに関する調査」によれば，グ
ローバル人材に求める素質・能力としては，「海外との社会・文化，価値観の
差に興味・関心を持ち柔軟に対応」が1番となっており，グローバル社会で活
躍するためには異文化理解力が強調され，「既成概念にとらわれず，チャレン
ジ精神を持ち続ける」が2番，「外国語によるコミュニケーション能力」は3
番という結果となっている．そして，企業サイドが，グローバル人材のために，
大学に期待する取り組みの1番は，「日本人学生の海外留学の奨励」，2番が「大
学入試改革」，3番が「外国人留学生の受入れ拡大に向けた取り組み」（経団連
会員企業では2番目）となっている．そして，同調査では，外国人人材を「継続
的に採用し，現在も採用している」企業は経団連会員では71％で，前回調査の
59％より1割強増加している．しかし，外国人材の活用に向けた取り組みの中
で，「人事・評価制度のグローバル共通化」を指摘する企業は比較的少数に止まっ
ており，グローバル最適型の人材配置への取り組みは見るかぎり2019年時点で
もまだ始まったばかりであることが指摘され，その後，更なる展開がみられる
こととなっている[5]．

4．日本の「グローバル人材」を巡る議論と政策への一考察

　日本の「グローバル人材」の育成に関する議論は，日本の経営者団体（日本
経済団体連合会，日本経済同友会等）[6]の主導でなされ，その後，官邸の会議などを
経て，文部科学省の指導の下，大学が「グローバル人材」の育成教育を担うと

いう図式となったため「グローバル人材」育成が，日本的な文脈の中で，大学で育成され，日本企業に就職し，日本企業に貢献できる人材像という残念ながら「幅の狭い議論・政策・教育」となっている点に大きな問題がある．日本の大学では，日本企業への就職のみならず，国際機関・NGO・NPO・海外での就職をはじめ多様なキャリアパスが想定されるべきであり，それが日本企業にだけ限定されない「グローバル人材」の育成がはかられるべきである．そして，通常に理解すると「グローバル人材」とは，世界のあらゆる機関・組織で貢献できる人材，世界で活躍できる人材となる．いわば，日本のグローバル人材育成は，日本の企業等の組織にマッチした日本的グローバル人材育成であり，そもそも矛盾的な人材育成方法である．

　横山和子［2012］は，国際連合食料農業機関（FAO）の定性的調査をもとに，日本以外の国際機関で働く「グローバル人材」の育成のためには，世界の職務主義の流れの中で，高い専門性を養うべき点を強調している．ジェネラリスト型の人材配置と育成をおこなう日本企業では，理系の技術職や会計士・弁護士等の専門性を必要しない職種に関しては，大学において，その潜在能力を養うことを求める傾向にある．そのため，日本の大学では，アクティブラーニングやプロジェクトベースドラーニングにおいても，社会人となった場合の潜在能力を養う傾向がある．しかし，横山（2012）は，国際機関において，高い専門能力を養っている人材ほど，その高い専門能力を発揮できる国際機関で働くことに職務満足感を得ていることを指摘し，専門能力の重要性を強調している［横山2012：1-31］．

　それだけに，日本の大学を卒業した多くの日本人学生は日本の民間企業に就職するものの，日本の民間企業でのみ活躍できる「グローバル人材」を主として対象とすることは，狭すぎる．そのためもあり，欧米の「グローバル人材」の用語として使用されるグローバルリーダー，グローバルタレントの定義や理論において，政治学等の分野において重視される首尾一貫性（Integrity），透明性（Transparency）［Eccles 2012］といった公共性を意識した人材育成の議論が欠落することになったとも考えられる．また，日本の「グローバル人材」の概念が，多様で抽象的となり，世界で活躍する「グローバル人材」になるための専門性の獲得が強調されない事態となっている．

　R. J. Houseらの［2016］『文化を超えるグローバルリーダーシップ　優れたCEOと劣ったCEOの行動スタイル』（中央経済社）においても，「高潔さ」，「謙

虚さ」といった倫理性が，優れたCEOには必要であるとされている．日本の
グローバル人材育成議論では，それらの「高潔さ」，「謙虚さ」といった倫理性
の醸成がともすれば，置き去りにされる点も大きな問題である［House et al.
2014］．

5．小　結
──日本の「グローバル人材」と世界の「グローバル人材」の相違とその結果──

　日本の「グローバル人材」育成の議論は，前節で紹介したように，日本の経
営者団体に誘導される形で，属人主義（ヒト基準）的な能力形成の上の「日本
人学生の海外留学拡大」となっている．また，「外国人留学生の受け入れ拡大」
では，外国人留学生の日本語・日本文化，日本ビジネス文化を学んだ上で，日
本大企業の「グローバル人材」へと育成するという図式になっている．

　世界では，国際的な認証評価や国際的な順位評価を得た高等教育機関（大学・
大学院）でMBAやPhD等を獲得した人材がグローバル労働市場での活躍と評価
を通して，「グローバル人材」となる図式がなされている．

　グローバル教育という側面では，日本国内的には，日本独自の「日本的枠組
み」と世界基準の「世界的なグローバル的枠組み」の2つが存在している．し
かし，グローバル労働市場と国際的なグローバル競争という点では，日本多国
籍企業は，世界的な競争にさらされている．日本多国籍大企業は，売上高や世
界的な労働力構成で海外比率を益々高めつつあり，この日本的な枠組みのグ
ローバル人材の育成と世界的なグローバル人材の育成は相矛盾するものである
し，日本企業は，世界基準のグローバル人材の獲得でも人事制度的にマッチン
グしておらず困難を強いられることとなっている．

　具体的には，グローバルな人材獲得競争において，国際認証をへたレベルの
高い世界の大学院を修了した専門的知識や豊かな経験を有する海外のグローバ
ル人材を，獲得・定着化を図るために，国際人事制度の改変とともに，高い報
酬で迎えいれざるをえなくなっている．世界では，いくつもの企業の転職を繰
り返す「プロ経営者」・「プロ管理者」が多く，企業は他社からの引き抜き，自
社からの流出防止のために，役員報酬や管理者の報酬を引き上げてきているか
らである．

　世界規模でコンサルティング業務を展開しているウィリス・タワーズ・ワト
ソンの調査によると日米欧5カ国のCEO（最高経営責任者）の報酬の中央値を比

較したところ，トップはアメリカの14億円で，次いでドイツの7.2億円，フランスの5.3億円であった．日本は1.5億円とアメリカの10分の1の結果となっている．この点は，世界規模の「プロ経営者」の争奪戦に不利となっている．海外から引き抜いた外国人の「プロ経営者」が短期間に他社に転じるケースもでている（もちろん，そのような高額報酬が正しいのかという議論は別にある[7]）．

　日本では，長期雇用の枠組みで内部昇進から経営者を登用するケースが多く，従業員との格差を配慮して，役員報酬を低く抑える傾向がある．そのため，海外子会社の外国人の「プロ経営者」と海外子会社の役員を務める本社からの日本人出向役員との間に大きな給与格差が生まれることとなっている．このような役員報酬をはじめとした欧米企業と日本企業との高度グローバル人材の給与格差が，「日本企業が高度グローバル人材から見捨てられる一因」ともなっている．しかし，日本においても，2018年には1億円を超える上場企業の役員は500人を超え，2018年3月期の役員報酬では，トップが，ソニーの会長であり，27.13億円となっている[8]点は，注目したい．

　グローバル人材となり，グローバルに通用する「プロ経営者」になるためには，外国人材，日本人共に，多額の教育投資と長年のビジネス経験が必要であり，それらの投資と長年のビジネス経験への対価としての報酬がある．日本人の若い優秀なグローバル人材を目指す層が，日本企業に適応した内部昇進型の経営者を目指すのか，欧米の多国籍大企業の「プロ経営者」を目指すのかも議論の分かれる点であるし，欧米企業の役員の報酬基準と日本企業の報酬基準には，大きな差異があり，どちらが正当な報酬基準であるかについては議論がわかれる点であろうが，そのあり方を巡っては，より議論が必要となろう［黒川2016：27-44：呉 2017：3-25］．

注
1）「スーパーグローバル大学創生支援事業」に関しては，文部科学省の下記のホームページ（http://www.mext.go.jp/a_menu/koutou/kaikaku/sekaitenkai/1319596.htm，2015年8月20日閲覧）を参照.
2）産学連携によるグローバル人材育成推進会議ホームページ（http://www.mext.go.jp/component/a_menu/education/detail/--icsFiles/afieldfile/2011/06/01/1301460_1.pdf，2015年8月20日閲覧）.
3）グローバル人材育成論議に関しては，角谷［2015：9-19］参照.
4）グローバル人材育成推進会議「グローバル人材育成戦略（グローバル人材育成推進

会議 審議まとめ）」2012（平成24）年6月4日（http://www.kantei.go.jp/jp/singi/global/1206011matome.pdf，2015年8月20日閲覧）.

5） 日本経済団体連合会「グローバル人材の育成・活用に向けて求められる取り組みに関するアンケート」2015年3月15日（https://www.keidanren.or.jp/policy/2015/028.html，2015年8月20日閲覧）.

6） 日本の官庁・経済団体の「グローバル人材」に関する定義に関しては，七井［2014：91-104］参照.

7）「役員報酬1億円500人超」『読売新聞』2018年9月30日，朝刊.

8）「役員報酬1億円500人超」『読売新聞』2018年9月30日，朝刊.

第 2 章

日本における外国人
高度人材受け入れの現状と課題

次に，日本における外国人高度人材受け入れの法改正とその対象となる外国人材の日本の状況について見ることにしたい．

1．日本における高度人材の受け入れの法制度

日本では，高度人材外国人の受入れを促進するために，その能力に応じたポイント制を活用した出入国管理上の優遇措置を講ずる制度を平成24年5月7日より導入している．そのポイント制度では，「高度人材外国人」の活動内容を，「高度学術研究活動」，「高度専門・技術活動」，「高度経営・管理活動」の3つに分類し，それぞれの特性に応じて，「学歴」，「職歴」，「年収」などの項目ごとにポイントを設け，合計が一定点数（70点）に達した場合に，出入国管理上の優遇措置を与えることにより，高度人材外国人の我が国への受入れ促進を図るとしている［三浦 2013：51-76］.

このポイント制度における「外国人高度人材」とは，「国内の資本・労働とは補完関係にあり，代替することが出来ない良質な人材」であり，「我が国の産業にイノベーションをもたらすとともに，日本人との切磋琢磨を通じて専門的・技術的な労働市場の発展を促し，我が国労働市場の効率性を高めることが期待される人材」と位置付けられている．（平成21年5月29日高度人材受入推進会議報告書）日本政府は，このように「外国人高度人材」を位置づけているが，実際はどうかについても検討する必要がある．

外国人高度人材として，平成27年以降，あらたに制度構築されたものに，下記のようなものがある．

「高度専門職1号」の場合
1．複合的な在留活動の許容
2．在留期間「5年」の付与
3．在留歴に係る永住許可要件の緩和

4．配偶者の就労

5．一定の条件の下での親の帯同

6．一定の条件の下での家事使用人の帯同

7．入国・在留手続の優先処理

出所）法務省入国管理局（http://www.immi-moj.go.jp/newimmiact_3/system/index.html, 2015年8月20日閲覧）．

　この「高度専門職1号」は，その内容によって下記の種類に分けられている[1]．

＊高度専門職1号（イ：高度学術研究活動）

・研究者

・指導者

・教育者　　　など

＊高度専門職1号（ロ：高度専門・技術活動）

　自然科学や人文科学の分野に属する知識や技術を要する業務に従事する活動

＊高度専門職1号（ハ：高度経営・管理活動）

・経営者

・経営管理者（管理職）　　などである．

「高度専門職2号」の場合

a.「高度専門職1号」の活動と併せてほぼ全ての就労資格の活動を行うことができる

b. 在留期間が無期限となる

c. 上記3から6までの優遇措置が受けられる

※「高度専門職2号」は「高度専門職1号」で3年以上活動を行っていた方が対象．

　高度人材の受け入れについては，平成24年の導入から平成25年には，高度人材ポイント制の見直しが図られ，年収基準の緩和，資格による加算等の評価項目の追加，更には，家事使用人や親の帯同に必要な年収要件の引下げなどが行

われている．そして，平成27年に，平成在留資格「高度専門職」の創設に係る入管法一部改正法をおこない高度外国人材に特化した，前述の在留資格「高度専門職1号」と「高度専門職2号」を新たにつくることとなった．そして，前述した「高度専門職2号」の在留期間が無期限となった点が大きな特徴である．

　その後，平成29年には，高度人材ポイント制の見直し（認定要件及び優遇措置の見直し）がおこなわれ，新たに，「日本版高度外国人材グリーンカード」の創設と新たな加算措置を加えることがおこなわれた．

　「日本版高度外国人材グリーンカード」の創設としては，第一に，「70点以上のポイントで高度外国人材として認められた者について，永住許可に要する在留期間を5年から3年に短縮する．」措置と「高度外国人材の中でも特に高度な人材と認められる者（80点以上のポイントで認められた者）については，永住許可に要する在留期間を5年から大幅に短縮し，1年とする」というものである．

2．日本における「高度外国人受け入れ」の実態と課題

　次に，少し前の調査ではあるが，日本労働研修研究機構の「調査シリーズNo.110企業における高度外国人材の受入れと活用に関する調査」（平成25年5月31日）によると外国人高度人材の認定を受けた外国人の従業員規模は，図2-1，2-2のようになっている．

　すなわち，外国人高度人材の勤務先は，1000人以上の大企業が35％程度であり，60％は1000人未満の中堅企業，500人以下の中小企業に勤務している実態をみてとることができる．

　また，回答の7割近くが役職なしとなっており，日本政府のイメージする「外国人高度人材」が，むしろ，その多くが「外国人普通人材」が実態であることをみてとることができる．この点は，日本政府が想定する高度外国人材のイメージと日本企業で働く大学・大学院卒の実態の乖離である．また，外国人普通人材にとって，頑張って「高度外国人材」と認められても，得られるメリットが少ないという評価もある．この点は，2019年現在でも，同じである．

　平成25年時点において，こうした日本企業においてポイント制度自体も認知が広がっていないのが，現状であった（図2-3，2-4）．その後，前述したように，様々な形で外国人高度人材を巡る制度改変をおこなっているが，日本企業への認識が広がったかは疑問でもある．

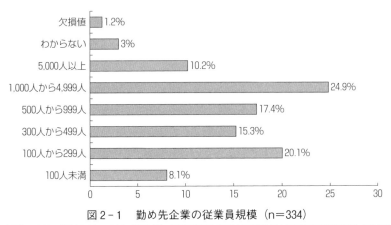

図2-1　勤め先企業の従業員規模（n＝334）

出所）JILPIT「調査シリーズ No.110企業における高度外国人材の受入れと活用に関する調査」（平成25年5月31日）より筆者作成.

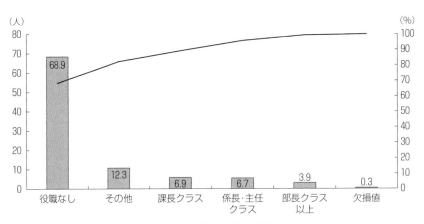

図2-2　勤め先企業の現在の職位（n＝334）

注）回答者の69%が役職なし.
出所）JILPIT「調査シリーズ No.110企業における高度外国人材の受入れと活用に関する調査」（平成25年5月31日）より筆者作成.

　また調査では，日本企業において，必要な取り組みを聞いたところ，**図2-5**のようになっている．異文化理解，語学力を活かす配置・育成など従来型の日本的な人事政策の限界を示す内容となっている．

　三浦［2013］は，「外国人高度人材」のポイント制だけでは，「外国人高度人材」

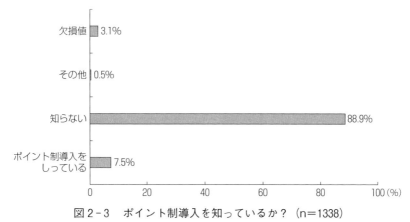

図 2 - 3　ポイント制導入を知っているか？（n＝1338）

出所）JILPIT「調査シリーズNo.110企業における高度外国人材の受入れと活用に関する調査」（平成25年 5 月31日）より筆者作成.

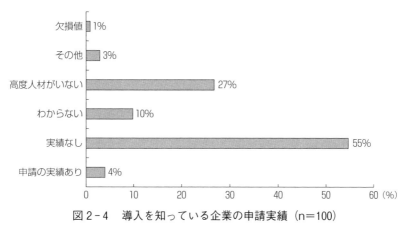

図 2 - 4　導入を知っている企業の申請実績（n＝100）

出所）JILPIT「調査シリーズNo.110企業における高度外国人材の受入れと活用に関する調査」（平成25年 5 月31日）より筆者作成.

の誘因としては不足しており，「インターナショナルスクールに子弟を通わせる税制面の支援や日本語教育の強化，外国人の受診しやすい医療制度の整備」等々の世界の中で日本にあえて働くことを選択する環境作りを提唱している.

　また，2017（平成29）年 9 月から10月に，全国の 1 万277社に勤務する高度外国人材及び人事担当者（高度外国人材：1416人，人事担当者：2330人）を対象におこ

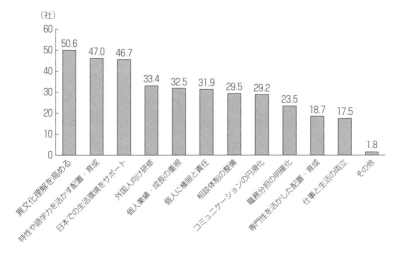

図2-5　日本企業に必要な取り組み（n＝320）

出所）JILPIT「調査シリーズNo.110企業における高度外国人材の受入れと活用に関する調査」（平成25年5月31日）より筆者作成.

なわれた厚生労働省委託「高度外国人材が雇用管理改善を望む事項についてのアンケート調査」によれば，雇用管理改善すべき事項としては，下記の10の点をあげている[5].

① 自身の専門性を生かせる部門への配置・異動
② メンター制度をはじめ各種相談体制の充実度
③ キャリアアップできる環境になっているか
④ ワーク・ライフ・バランスの達成のしやすさ
⑤ 英語などでも働ける就労環境の整備
⑥ 昇給のための基準の明確化
⑦ ICTの活用など業務の効率化
⑧ 能力・業績に応じた報酬
⑨ テレワークなどの柔軟な働き方
⑩ 仕事の内容の明確化（ジョブディスクリプション整備）[6]

　本調査において，「キャリアアップできる環境」になっていないとする最大の理由は，「能力・業績に応じた昇進になっていない」が29.3％と最も高い.

それに次いで,「キャリア設計のための企業の相談体制が脆弱」や「設計したキャリアパスに対する進捗管理やフォローアップが不十分」を合わせると32.0％にも及んでいる.

　また,本調査では,「英語などでも働ける就労環境整備への要望」の中身は,「英語等による能力開発の機会の充実」が29.5％と一番高くなっている.それに次ぐのが,「日本人の英語等によるコミュニケーションスキルの向上」が28.9％と周りの日本人の英語力向上である.

3.　高度外国人材を活かす「内なるグローバル化」の課題

　前節において,高度外国人材の実態や高度外国人材の採用・定着・活用の雇用管理改善について見てきたが,本節では,高度外国人材を活かす日本企業の「内なるグローバル化」の課題についてみることにしたい.

　日本労働研修研究機構（JILPIT）が,2018年9月18日から10月12日まで,東京証券取引所一部・二部に上場する2608社を対象としておこなった調査で,回収数（率）が171票（6.6％）であった「日本企業のグローバル戦略に関する研究」調査から日本企業の「内なるグローバル化」課題についてみることにしたい[7].

　本調査では,グローバル化を積極的にすすめる日本大企業になればなるほどグローバル人材の確保・育成には満足していない傾向があり,グローバル人材や中核的役割を担う外国人を実際に雇用している日本大企業ほど外国人雇用に明確なビジョンをもっていることが明らかにされている.

　さらに具体的にみると,本調査において,売上高が多い企業では,「① 同じ能力ならば日本人を採用するとは限らないし,② グローバル化対応は早急に行うべき,③ 外国人労働者の増加は望ましい,④ 外国人雇用のために企業のシステムを変える必要があるなどと「内なるグローバル化」への肯定的な傾向がみられた一方で,⑤ 外国人雇用は難しいことである」[8]とも感じていたと答える傾向がある.

　また,本調査では,外国人社員を雇う企業では,「① よりグローバル化の必要性を感じており,② グローバル化対策を早急に行うべきだという意識や,③ 中核的な役割を担う外国人を現在雇っており,④ 将来的にも中核的な役割を担う外国人を雇いたいとする態度,さらには⑤ 外国人雇用の積極的な理由があり,⑥ 優秀な留学生を労働力としたいなどの『内なるグローバル化』に

対する積極的な姿勢がみられた．その一方で，こうした企業には，⑦ 外国人を異なる存在として扱うべきではない，⑧ 外国人は日本人より離職しやすい」と答えている[9]．

これらの調査から，グローバル展開がすすみ，外国人社員を雇用している日本大企業は積極的に，外国人雇用を拡大しようといった「内なるグローバル化をすすめる」意識が強くもっている姿をよみとることができる．

これは，反対の視点から見れば，グローバル化がまだ進んでいない非製造企業で，従業員数も多く，工場，営業所を海外に展開しておらず，外国人の採用もすすんでいない日本大企業は，「内なるグローバル化」志向がすすんでいないということにもなる．そうした「内なるグローバル化」志向の低い国内に残る日本企業の外国人雇用を促進し，海外展開を促すことが大きな課題であるともいえよう．この点への論究は本書の第5章において，日本の中小企業を事例としておこなうことにしたい．

4．シンガポールの移民政策における外国人材の受け入れ

日本の外国人高度人材の受け入れを検討する上で，移民先進国であるシンガポールの外国人材の受け入れ制度について見ることにしたい．シンガポールは1970年代以降，アジアの新興国として急速な経済成長を果たし，大きく不足する労働力を外国人材の積極的な受け入れによって充足してきた．また，21世紀になるとシンガポールは頭脳立国を標榜し，2010年から2015年にかけては，世界から優秀な高度外国人材（特に研究者）を集め，研究とイノベーションを積極的に結びつける産学連携を積極的に推進している．シンガポールでは，「知識基盤社会」の構築・発展のため産学連携によるイノベーションの創造のための研究開発に国家として多額の予算を分配している．シンガポールは，事実上の一党独裁国家であり，トップダウン型のリーダーシップの下，世界レベルのシンガポール大学においてイノベーションに結び付ける研究展開と企業家を育成するシステムを構築している．外国人材の受け入れに関しては，現在，長年の受け入れの歴史をふまえ，2015年に抑制政策をとるようになっている［氏家2014］．

シンガポールには，まず，大きく分けて3種類の滞在査証がある．高度人材対象のEパス（Employment Pass）と中程度の技能と一定の教育歴を有するSパス，

非高度人材に対する労働許可証（Work Permit：以下，WPと略する）である．Eパス，Sパス，WPも，職種，仕事の内容，給与，学歴，資格，経験等によって更に分類される．2014年のシンガポール人材省の統計によれば，シンガポール滞在の外国人人材の総数は133万6700人で，うちEパスが13.2％（17万6600人），Sパスが12.3％（16万4700人），WPが73.4％ 98万800人となっている［岡本 2015：180-83］．今後，日本も，Sパスについて考えてゆく必要があるかもしれない．シンガポール滞在査証については，シンガポール人材省（Ministry of Manpower Singapore）のホームページに詳細が掲載されている[10]．

　シンガポールでは，起業家パスなど特徴的なパスも存在するが，世界から優秀な高度外国人材を獲得するために，2007年から個人用雇用パス（PEP）を設けている．転職し雇用先の変更がなされた場合には，滞在査証の再発行を必要とするが，PEPでは不要である．そのかわり，有効期限は5年で，更新は認められておらず，永住許可権を求めざるをえない仕組みとなっている．PEPを取得するためには，過去5年間以内において，世界の大学ランキング200位以内の大学生もしくは卒業生でなければ申請資格そのものがないという厳しい申請資格である［岡本 2015：186］．

5．小　結 ——日本における外国人高度人材受け入れの現状と課題——

　本章では，日本における外国人高度人材受け入れの法改正とその対象となる外国人材の状況について紹介し，その後に，シンガポールを事例として，外国人材受け入れについて論じてきた．

　本章のまとめとして，まず，日本の外国人高度人材の認定の法的基準が高すぎる側面を指摘しておきたい．李敏［2018］は，「高度外国人材」に対する日本の定義が極めて曖昧であり，日本政府が，世界各国と争うようなトップの専門人材でかつそうした専門人材の採用を通して，日本企業を変えるような「高度外国人材」として受け入れたいと考えているが，日本政府の期待や政策とは異なり，実際の日本の企業現場では，そのような高度な外国人材は限定されており，その大多数はすでに日本企業に就職している日本人と同じような仕事を担う「普通の外国人」となっていると厳しく批判している［李 2019：17-32］．

　また，外国人高度人材を受け入れるにあたって，雇用管理を様々な側面で改善することが必要である．具体的には，前述したように① 外国人高度人材の

専門性を生かせる部門への配置・異動，② メンター制度をはじめ各種相談体制の確立，③ キャリアアップできるキャリア開発制度の充実，④ ワーク・ライフ・バランスの達成をサポートする福利厚生制度の充実，⑤ 英語を共通言語とする就労環境の整備，⑥ 昇給・昇格における基準の明確化，⑦ ICTの活用などによる日本人材と高度外国人材が共にスムーズに働ける業務の効率化対策，⑧ 能力・業績に対応し，客観的に納得できる報酬制度の確立，⑨ テレワーク・フレキシブルな勤務時間などの柔軟な働き方の提供，⑩ 仕事（職務）の内容の明確化（ジョブディスクリプション整備）などである．

そして，最後に，外国高度人材資格認定者の日本滞在率について言及したい．「高度人材ポイント制」の認定件数推移は，2012年が，313人であり，2014年が，845人，2015年が4347人，2016年が6669人，2017年が1万572人となっている[11]．

また，在留資格の「高度専門職」資格者の出入国数をみると，2015年は入国が2308人に対して，出国が，2543人と出国超過であり，2016年が入国9413人に比して，出国9888人とやはり出国超過であり，2017年も，入国2万530人に入国に対して，出国2万1548人と出国超過になっている．

高度外国人材＝グローバル人材は，そもそもが，国を超えてボーダレスに移動する性格を有しており，この出国超過をどうみるかは議論のわかれる点であろう．そして，この現実を日本政府と日本企業が受け入れ，選ばれる国・日本と日本企業になるべき努力する必要があろう．

注
1）　法務省入国管理局（http://www.immi-moj.go.jp/newimmiact_3/system/index.htm，2019年8月20日閲覧）．
2）　法務省・厚生労働省・経済産業省「高度外国人材の受入れ・就労状況」平成29年12月13日（https://www.kantei.go.jp/jp/singi/keizaisaisei/miraitoshikaigi/suishinkaigo2018/koyou/dai2/siryou4.pdf，2019年6月2日閲覧）．
3）　法務省・厚生労働省・経済産業省「高度外国人材の受入れ・就労状況」平成29年12月13日（https://www.kantei.go.jp/jp/singi/keizaisaisei/miraitoshikaigi/suishinkaigo2018/koyou/dai2/siryou4.pdf，2019年6月2日閲覧）．
4）　［三浦 2013：51-73］
5）　厚生労働省委託「高度外国人材にとって雇用管理改善に役立つ好事例集」（https://www.mhlw.go.jp/file/04-Houdouhappyou-11655000-Shokugyouanteikyokuhakenyukiroudoutaisakubu-Gaikokujinkoyoutaisakuka/486174.pdf，2019年6月2日閲覧）．

6 ）　厚生労働省委託「高度外国人材にとって雇用管理改善に役立つ好事例集」（https://www.mhlw.go.jp/file/04-Houdouhappyou-11655000-Shokugyouanteikyokuhakenyukiroudoutaisakubu-Gaikokujinkoyoutaisakuka/486174.pdf，2019年 6 月 2 日閲覧）．

7 ）　日本労働研修研究機構「日本企業のグローバル戦略に関する研究」（https://www.jil.go.jp/institute/research/2019/190.html，2019年 7 月 1 日閲覧）．

8 ）　日本労働研修研究機構「日本企業のグローバル戦略に関する研究」（https://www.jil.go.jp/institute/research/2019/190.html，2019年 7 月 1 日閲覧）．

9 ）　日本労働研修研究機構「日本企業のグローバル戦略に関する研究」（https://www.jil.go.jp/institute/research/2019/190.html，2019年 7 月 1 日閲覧）．

10）　Ministry of Manpower Singaporeのホームページ（http://www.mom.gov.sg/　2015年 8 月20日閲覧）．

11）　加藤真「変革期を迎えた日本の外国人人材も受け入れへ」（https://www.nippon.com/ja/in-depth/a06002/，2018年12月 1 日閲覧）．

第 3 章

中国人留学生の日本企業への就職・定着問題
——中国人女性の日本企業における就業継続問題を中心として——

1．日本における外国人留学生の日本企業への就職の問題点と課題

　前章で論述したように「外国人高度人材」・「グローバル人材」の採用の一貫として，外国人留学生の採用・確保・定着・能力開発が展開されている．

　外国人留学生にとって，日本は治安的に安全であり，かつ，大学では外国人留学生を対象とした各種の奨学金が用意されており，欧米に比して学費面において優遇されている．また，日本語学校・各種専門学校を経て大学・大学院に留学するルートが確立されており，欧米の基準に比して，楽に大学・大学院に入学できるというメリットもある．また，四季にとみ，伝統文化を有し，多彩なアニメ・ゲームなどの産業と文化を有する日本は，外国人にとって興味深い国であり，観光留学という点からも魅力的な国となっている．外国人留学生のトップ層は欧米の大学を目指しているが，レベルを問わず日本に興味を持つ外国人の日本留学は政策的に成功しているといえる．このような点から日本は，外国人留学生の数が増加してきている［守屋編 2012］．

　その反面，日本企業における外国人留学生の採用は，けっしてうまくいっていない．多くの外国人留学生の母国では，職務主義に基づく能力基準での採用・配置・能力開発をおこなうため，日本企業の採用・労働慣行・能力開発が理解できず，就職後 3 年以内に退職するケースも多い［守屋編 2012］．また，塚崎［2008］は，外国人留学生の母国の職務主義的な採用では経験年数や専門性が重視されるため新卒が不利であり，新規学卒採用をとる日本多国籍企業に就職することは有利であるが，日本多国籍企業に長く就職すると，ジェネラリスト育成を目的に様々な部署への異動がおこなわれ，専門性が養えず，共通語が日本語のため世界的な労働市場の流動性が下がり，日本企業以外の転職が困難となるため，日本多国籍企業の職務経験をもとに，母国や日本以外の多国籍企業に転職する傾向がある．私のヒアリング調査でも，当初から 3 年から 5 年での離職を計画して，日本多国籍企業に就職する人さえいるのが現状である．

平成29年段階では，留学生の日本企業への就職者数を見ると，中国（1万326人）が1位であるものの前年比6.5％減少しており，ベトナム（4633人）が第2位で，前年比86.2％と急増している．そして，第3位のネパール（2026人）が前年比，73.6％増であり，第4位は韓国（1487人）で4.6％増，第5位は台湾（810人）で，17.6％増となっている[1]．

　同じく進路状況をみると，卒業・修了した学部生・院生の外国人留学生の5万1636人のうち，日本国内で就職したものは1万6424人と，31.8％となっている．その残りは，学部生は大学院などに進学するケースはあるが，多くは母国への帰国となる[2]．

　このような留学生と日本企業の意識のギャップの中，日本企業側にとって問題となるのが，日本企業で3年から5年で辞めるか，長期雇用で働くか迷っている層や，日本企業で3年から5年の就労後，母国へ帰国予定という層となる．

　　1　日本企業でのグローバルスタッフとして就労希望の学生
　　　　……問題なし○
　　2　日本企業で3年から5年で辞めるか，長期雇用で働くか迷っている層
　　　　……問題あり△
　　3　日本企業で3年から5年，就労後，母国へ帰国予定
　　　　……問題大×

日本企業で3年から5年で辞めるか，長期雇用で働くか迷っている層への人事政策としては，下記のような長期雇用志向を固める人事政策の推進をはかる必要があり，これまでの企業事例から下記の5点の傾向がある［守屋・中村・橋場 2018］．

　① 先進的な企業ほど職場での外国人従業員への「きめ細かいサポート」をおこなっている．
　② ただ単に，日本の経営のやり方（「日本的経営」）を理解してもらい，日本企業文化への適応を求めるのではなく，日本の経営のやり方（人事政策）も，ダイバシティ度を高め，外国人従業員にとっても受容・適応できる人事政策への転換が必要．そのために，下記のような取り組みが必要．
　③ 外国人留学生は，日本人の学生に比べ，野心的な「キャリア構築」を重視する人たちも多いため，上司との個別面談で育成の方向やキャリ

アパスについてよく話し合うことが重要であると認識されている.

④ 外国人留学生の関心は，面白くてやりがいのある仕事ができるかどうか，知識や技能の習得を通じて成長，育成されている実感を持てること，そしてそれがキャリアアップや昇進につながるかにある.

⑤ そして，キャリア形成の将来展望を見せることが何より大事であると認識されている.

　また，外国人留学生の志望の中で大きな割合を占める中短期雇用志望層への対処を考える点も重要な人事政策上の課題であると言える. 具体的には，外国人留学生を，1年間から3年間程度の任期契約社員制度で採用し，その後，本人の希望と会社の認可によっては，任期契約の延長もしくは，正規雇用従業員への転換制度を考えるなどの工夫が必要であろう.

　また，もう1つの大きな問題は，日本で就学した優秀な非アジア圏の外国人留学生が，そもそも日本企業への就職を目指さず，母国への帰国や国際機関・第三国での就職を希望する場合が多い点である.

　本章では，次節以降，留学生の中でも最も比率の高い中国人留学生の就職問題と就業継続問題についてみることにしたい. さらに以降の節では，筆者独自のヒアリング調査から外国人留学生の就職・就業継続問題について紹介をおこなうことにしたい.

2．外国人留学生の就職・就業継続問題

（1）先行研究から見る外国人留学生の就職活動問題

　外国人留学生は，就職活動という意味では，日本人学生の就職活動と同じであるが，自己分析やエントリーシートなどの日本企業独特なものがあり，多々，理解できない面が多い. 守屋 [2009:297-315] は2007年から2008年の早い段階で，外国人留学生の就職問題について関心を持ち，立命館大学大学院経営学研究科の外国人留学生の院生を対象としたヒアリング調査を実施して，就職活動の各段階においてどのような課題を有しているかを分析し，その問題について切り込んでいる.

　守屋 [2009] は，外国人留学生の場合，まずインターンシップの段階で，日本人学生のように友人等を介した就職情報が十分に入らず，日本文化への理解

の不足により，インターンシップの意味がなかなか理解できない点を指摘している．それゆえ，就職活動の初期段階からうまく対応できない場合も多いことを指摘している．そして外国人留学生の場合，インターンシップを入職前の模擬的な就職体験とらえがちであるが，実際には，多くの企業の選考に直結していることもあり，外国人留学生は初期段階から不利になる点を指摘している．

　また，守屋［2012a］では，日本の就職活動における一連の活動は，日本人学生とまったく同じく日本語に基づいて進行されるため，外国人留学生も日本人学生と同等の日本語能力やビジネスマナーのレベルが要求される点を指摘している．また，日本の就職活動において求められるビジネス敬語が，多くの留学生にとってかなり難しく，また，様々な就職活動において常識的に求められる日本的なビジネスマナーも，留学生にとってはなかなか理解しにくいとも指摘している［守屋 2012b：29-36］．

　さらに，日本企業を応募すると，採用選考プロセスにおいて，エントリーシートの記入と個人面接や集団面接などを受けることが求められる．そこで，学生時代に頑張ったことや自己PRなど，外国人留学生からすれば直接に職務に関係のない個人の事柄への記入や質問がなされるように感じ，違和感や恥ずかしささえ感じることとなる．しかも，外国人留学生にとって，このような体験はこれまでなかったことであり，職務と直接関係のない個人的エピソードの何を評価しているのかが明示されないために，どうこたえるべきかわからない問題点がある．また，「グループディスカッション」などでは，日本企業の職場を想定した集団的協調性を重視した役割分担や発言が重視されるため，外国人留学生では，どのような役割分担や発言をすれば良いのかわからない点に問題がある[3]．

　外国人留学生が日本企業に内定後，大学生活から企業への就職段階において発生する問題としては，住宅の確保，新しい就労ビザの獲得，新しい生活環境への順応などがある．これらの点は，日本人学生にとっては，あまり気にすることもないような事柄であるが，外国人留学生にとっては大きな課題となる．守屋［2009］では，特に社会福祉，保証人，税金などの側面を強調し，それに対する企業側の支援が非常に重要であると指摘している．

　また，守屋［2012b］では，日本企業が外国人留学生の採用に与える影響として，日本企業の経営戦略の志向性，資本関係，市場志向性，経営者志向性，企業風土・企業文化，人事制度の特性，産業特性があることについて，論究がな

されている［守屋編 2012：136-39］.

　門間・高橋・猪股［2019］では，インタビュー調査によって外国人留学生の就職における「困難さ」の構成要素が明らかにされている．その困難性とは，外国人留学生は，エントリーシートに様々な各コンテンツをもっていながら，「日本の採用文化」が理解できないために，何を書いてよいのかわからなかったりする点を指摘している．また，就職の困難さは，社会人基礎力としての発信力と傾聴力の不足から生じていると指摘している［門間・高橋・猪股 2019］.

（2）筆者が2018年に実施したヒアリング調査

　2018年4月から12月にかけて12名の中国人留学生に関して，筆者独自のヒアリング調査をおこなった．その結果，特徴的な2名の人物について，まずは紹介したい[4].

1）Aさんの事例

　Aさんは，中国の都市部出身の女性の一人っ子である．一人っ子であることについては，親が集中的に教育投資をしてくれるので，メリットが多いと感じている．現在は，東京の大学の4回生である．言語的には，日本語能力試験（JLPT）N1を合格しており，TOEICは800点である.

　日本企業に就職しようと思ったのは，日本の留学経験をいかしたいと思った点が第1の理由であり，第2の理由は，日本企業の多様な職務を経験することで，スキルアップがしたいというものであった.

　日本企業独特のSPI試験やグループディスカッション，エントリーシート作成には日本人と同じようにやることと理解して違和感はなかった．その上で，留学生として日本人とは違う点をいかにいかすかを考えた.

　外国人留学生が有名な日本の大企業から内定をもらうのに，日本的なビジネスマナーや社交辞令，日本独自の採用慣行とコミュニケーションの仕方に対する理解は前もって準備しなければいけない点をAさんは強調している．日本の就職活動で困った点は，様々な日本企業を受けるため日程調整に困った点をあげている．また，それぞれの会社で，①エントリーシートの提出，②筆記試験，③グループディスカッション，④面接，⑤最終面接までのそれぞれの試験の期間が長く大変つかれる点をあげている.

　また，Aさんは，総合職を志望して，厳しい競争を経て総合商社から内定を

得ることができたが，日本企業の場合，総合職と一般職があり，一般職がほとんどすべて女性であることを中国人女性として理解できないと答えている．一般職を事務職と位置づけるならば，男女平等に男性も採用すべきであると答え，なぜ，女性ばかりなのかと疑問を呈している．

今後のキャリアについては，5年から7年，日本企業で働いた後，30歳前後で，日本と中国を繋ぐ貿易会社をつくりたいと考えている．

Aさんは，日本企業の良さとして様々な職務経験ができる側面をあげながら，反面，日本人が周りの人の評価や職場の雰囲気を気にしすぎる点を改めるべきだと考えている．たとえば，上司が帰宅するまで帰らないなどで非効率かつ無意味であると考えている．また日本の企業が，外国人留学生と日本人をあまりに平等的に取り扱おうとするあまりに，外国人留学生の良さをいかせていないと指摘している．

2）Bさんの事例

Bさんは，中国沿岸部の大学を卒業し，日本に留学をして，日本語専門学校をへて，日本の大学院に学んでいる修士課程の2回生の中国人男性である．言語能力は，日本語能力検定（JLPT）「N1」であり，TOEICも，850点を獲得している．

Bさんはせっかく日本に留学したので，日本語専門学校，大学院修士課程をへて，日本企業で就労することを，日本体験としてワンセットとして捉え，日本企業への就職を希望している．Bさんは，日本企業に就職するために，修士課程の1回生よりキャリアセンターの提供するインターンシップ科目をとるなどして，積極的に，就職活動をおこなっている．日本企業の魅力としては，手厚い福利厚生制度と人材育成研修制度をあげている．

Bさんは，60社にエントリーをおこない，40社で筆記試験にパスし，最終的に大手家電メーカー1社，大手科学メーカー1社，総合商社1社，大手自動車メーカー1社，大手電機メーカー1社の計5社より内定を獲得している．

Bさんも，Aさんと同じく日本企業の就職活動の長さを指摘している．Bさんによると中国では，午前中に会社説明会を開催し，午後より筆記試験・面接をおこない，結果をだす企業が多い．それに比して，日本企業の採用制度は非効率的であると指摘している．

Bさんによれば，外国人留学生が日本企業で採用されるためには，インター

ンシップの重要性を指摘している．日本企業の中長期のインターンシップに参加したことによって，日本企業で就労するイメージを具体的にもてたことが大きいと感じている．

Bさんがうまく就職活動ができたのは，日本のビジネス文化への適応力の高さにある．アルバイトにおいて日本人上司や同僚の気持ちを常に憶測して，それに適応するように働くことで，上手くアルバイトができたと感じている．それが就職活動の成功にもつながったとBさんは考えている．またグループディスカッションでも，面接でも，日本人が何を評価し，何を評価しないかを考えて，対応することで，Bさんは，上手くそれぞれの段階を通ることができたと考えている．

Bさんは日本企業で働いた後，中国に帰国し，経験を生かして日本企業とビジネスをおこなう有名中国企業で就労したいと考えている．日本企業への評価としては，残業が多い点と年功序列，上下関係の面倒くささを否定的にとらえている．

（3）ヒアリング調査への省察

代表的な2名の中国人留学生の就職活動問題についてまず紹介をおこなった．

次に残り10名の外国人留学生についてのヒアリング調査をもとに，整理をおこなうことにしたい．

第1は，AさんとBさんは，いずれも日本のビジネス文化に適応して内定を獲得できたが，多くの通常の中国人留学生（ヒアリング調査をおこなった残りの10名の中国人留学生）にとっては，日本人の集団行動の取り方がわからず，日本のビジネス文化への適応が困難である．それだけに，インターンシップや就職活動指導などを通して，日本企業で内定を獲得しやすくなるような就職活動指導を，日本の大学・大学院で組織的におこなうことが必要である．

第2に，本論文において，中国は日本と異なり欧米型の採用で，採用時にはその職位，職務が決まっており，その職位に合うかどうかで「組織能力試験」が行われる点を指摘したが，日本はその点が大きく異なり，特に，職業経験のある中国人留学生にとって大きな違和感とギャップがある点がヒアリング調査で明らかになった．

第3に，ヒアリング調査において，12名の中国人留学生は，いずれも「仕事

によるキャリアアップ」の意識が高く，日本企業への就職後のキャリアについての説明にギャップがある．企業側が留学生全般に対して，語学力，チャレンジ精神，タフネスなどの資質を評価していることは確かであるが，実際の採用にあたっては，そうした日本人とは異なる部分を，積極的に採用したいと位置づけたり，望ましい資質として明示しているか，どのような手段・手法で判断しようとしているのか，入社後にはどのようなキャリアを歩んでいってほしいと思っているのか，そのための体制作りは十分なのかなど，一連の人事管理に関しては必ずしも明確になっていない部分が多いという問題点がある．何よりもまず，採用に際して，日本人学生とは異なる個性や能力をきちんと見極める採用をする考え方，選考手法などを早急に検討する必要があろう．留学生はキャリアアップには非常に関心が高いため，入社後どのようなキャリアパスが用意されているか示すべきである．また，高度外国人材を育成する管理者の養成，研修制度についても，これまでの企業の雇用システムを見直し，将来を見据えた検討が必要である．

　日本人社員の中でグローバルな考え方をあわせもつ人材の不足に加え，中長期的なキャリアパスが企業側から明示されていない中で，外国人としての特性を生かした業務へ従事したいと希望する元留学生が散見された．一方，現在海外事業関連に従事する元留学生については，同様の点を生かせていると自己評価しており，仕事への満足度も比較的高かった．

（４）先行研究から見る中国人留学生の就職活動・就業継続問題
　次に，本節では，前項の中国人留学生の事例分析を更に深めるために，外国人留学生の就職活動・就業継続問題について，更に踏み込んだ分析を理論的におこなうことにしたい．

　松井・松岡・岡［2011］の調査によれば，中国人留学生の「日本企業に就職する場合不安に感じる事」について，中国人留学生の多くが選んだのは，「日本語力不十分である」（51.9％），「出世や昇進などの人事処遇で日本人と差別される」（48.7％），「採用の際に日本人との差別がある」（41.6％），「同僚や上司との人間関係が上手くいかない」（34.4％）の順であった．その中，中国人留学生の選択率が有意に高かったのは，「出世や昇進などの人事処遇で日本人と差別される」，「同僚や上司との人間関係が上手くいかない」の２つがあった［松井・松岡・岡 2011：107-16］．

　また，稲井［2012］の元中国人留学生で日本企業に就職した調査においても，「就職したばかりのことで困ったことは何ですが？」の質問に対して，職場の人間関係が，30.6％と高い比率となっている．また，同調査において，「いまの会社に対して不満に思うことは何ですか？」という質問に対して，先輩・同僚との関係が，15.8％となり，給与につぐ高い比率となっている［稲井 2012：1-37］.

　このように先行研究においても，中国人元留学生が，日本企業へ就職した後の不安や問題点として，「同僚や上司との人間関係」という点をあげており，日中間の文化的差異による上司と部下のコミュニケーションギャップが想定される．

　中国と日本の文化的差異については，6つの国際指標を示したオランダの社会科学者ヘールト・ホフステッドによって，世界各国のIBM現地法人を対象する調査の中で明らかにされているが，この研究では，日本人と中国人のコミュニケーションギャップを生む理由がわかりづらい点もある［Hofstede and Hofstede 2004; Hofstede, Hofstede and Minkov 2010］.ホフステッドの国際指標のPower distance index（PDI）（上下関係の強さ）について言えば，中国のほうが日本より上下関係が強い点が指摘されており，この点は理解できる．Uncertainty avoidance index（UAI）（不確実性の回避傾向の強さ）も，日本が中国よりもかなり高くなっている点も納得できる点である．しかし，Individualism（IDV）（個人主義傾向の強さ）は，日本は，韓国や中国に比して2倍近い高さを位置しており，集団主義といわれる日本人にとって違和感をもたざるをえない結果となっている．

　ヘールト・ホフステッドによる日本と中国の文化的差異は，日本企業における中国人留学生の就職活動，就業継続において大きな影響を与えていると考えられる．前節で紹介した中国人留学生の就職活動に関する筆者のヒアリング調査においても，グループディスカッションなどにおいて集団主義的な気配りが求められていることに上手く適応できずに困る事例も散見される．また，日本の集団主義的な職場の雰囲気を読み取る能力や非合理的なビジネス慣習に大きな違和感を感じ，就業継続を困難にしている．

　これらは，男女に関わらない中国人留学生の就業継続問題であるが，次に，中国人留学生の中でも，ここでは，中国人女性留学生の日本企業の就業継続問題に焦点を絞り，考察をおこなうことにしたい．

3. 中国人女性の日本企業への就業継続の現状と課題

(1) 先行研究の検討・紹介

　日本では，雇用環境・育児支援の側面からも女性の就業継続の困難性がこれまで指摘されてきた．そのような環境の中で，特に，外国人でかつ女性である労働者の就業継続をおこなうことの困難性が，当然，想定される．そこで，ここでは，女性外国人労働者の就業継続について先行研究の検討を通して論じることにしたい．

　日本企業で働く外国人女性従業員のキャリア形成に関する先行研究において，鈴木［2017：55-71］は，日本企業に就職した高学歴のアジア出身の女性総合職従業員9名を対象としたインタビューを通して，「日本企業に入社した女性外国人社員のキャリア形成プロセスとライフイベント」モデルを作成している．このモデルでは，日本での就職に向けた意欲・能力が高くても，現在の日本企業において，女性としてのキャリア形成に多くの困難が伴うことが示されている．鈴木［2017］は，日本人の女性従業員でもライフイベントとキャリア形成の両立には大きな困難があり，それに加えて，外国人女性従業員にとって，さらに難しくする2つの要素があると主張している．その1つは，日本人従業員と同様の企業内でのコミュニケーション・人材育成手法などに適応するため，外国人としてのアイデンティティ・価値観・習慣が揺さぶられる点をあげている．もう1つは，母国家族からの結婚・出産に関する母国社会の規範・価値観に基づく圧力をあげている．

　また，出産後の継続就業に関して，鈴木［2017］の調査の結果により，インタビュー対象者である中国人女性に，大手企業での就業継続を支えるために，妊娠期あるいは出産後から実母と義母が短期滞在の在留上限日数である90日ごとに交代して来日し，子育てを支援した事例があると指摘している．国境を越える育児は実際的に珍しくなく，在日中国人家庭の育児について鄭［2006：72-87］の調査でも，その調査対象の一部だった中国人共働き夫婦4組は全て母親もしくは義理の母が来日して夫婦と共同育児をしていることを指摘している．中国人女性は50歳代で定年退職したケースが少なくなく，かつ中国では孫の世話をするのは当たり前のことなので，日本における中国人女性従業員の増加とともに，この世代の女性たちが国境を越えて日本で孫の育児を担うことが，今

以上に多くなる可能性はある.

　次に，日本企業における中国人女性の就業継続を更に論じる前に，中国人女性の就業継続意識について，先行研究からみることにしたい.

　葉山・曾・翟［2014：15-29］の日中両国の女子大学生各100名を対象とし，就業意識に焦点を当てて実施した調査では，結婚・出産後就業を続けたいという志向を持っている日本の女子大学生はわずか30％であったのに対して，中国人女子大学生対象者は76％にものぼり，著しく高い結果がでている. このことから，中国人女子大学生は，結婚と出産によって就業継続を辞めようと考えていない人の方が多い傾向が見て取れるが，日本人女性大学生の間では，子供がいれば就業しないという考えが数多く存在していることがわかる.

　この調査からも，就業継続意識に関して言えば，出産をきっかけに一時退職するパターンが多い日本人女性に対して，中国人女性は産休が終わったら復帰する意識を強くもっていると推定される. また，出産後就業を継続できる理由は，就業継続意識の有無以外に，親族の育児援助が多く期待できる社会的要因も大きく関係している.

　次に,中国人女性の育児事情についてみることにしたい. 日本人社会は戦後,核家族化が進行したのに対して，中国社会では継続的に「大家族主義的」な意識と価値観が残ったと言える. その結果，祖父母が孫の面倒を見ることが風習として継続している. 中国において孫の面倒をみる理由は，第1に大家族主義の価値観と意識によって，孫の面倒をみることが生きがいになっている点と，第2に自分の息子もしくは娘の就業継続を中断させたくないという息子もしくは娘への気遣いという点と，第3に孫の面倒をみることで，将来，祖父母が老いて病気などになった時に，息子，娘が介護をしてくれることへの期待という点の3つがある.

　このような中国人女性の育児事情が，鄭［2006］の調査にみられた中国人女性の母親もしくは義理の母が来日して夫婦と共同育児することとなる社会的背景となっている.

（2）筆者のヒアリング（定性的）調査の研究の紹介・分析

　次に，筆者が2018年4月から11月にかけて，日本企業で働いている中国人女性従業員また日本企業に就職する予定がある中国人女性留学生および元中国人女性留学生の合計10名を対象とした，ヒアリング調査研究について詳しく紹介

をおこなうことで，外国人女性の日本における就業継続の実態と問題をナラティブに論究することにしたい．[6]

　この調査研究の対象者は，日本企業に働いている中国人の女性従業員である．本調査では，対象者が日本企業に働いていて，かつ出産後の女性従業員の場合は，現在の仕事状況，就業継続状況，所在企業の女性向け福利厚生制度，育児方法，育児中と復帰後の不安及び長期的なキャリアプランなどの側面から詳しくヒアリングを行っている．また，対象者が未婚の場合は，日本に就業しようとした理由，企業の女性向け福利厚生制度の理解の状況，想定した結婚・出産後の生活及び長期的なキャリアプランなどの側面から詳しくヒアリングを行っている．この調査研究の中で，本節では，印象的な3人のケースについて詳しく紹介をおこないたい．[7]

1）会計スクールに勤務するAさんの事例

　Aさんの事例では，同じ中国人留学生と留学中に交際し，日本企業にともに就労する中で，中国人男性と結婚し，産休中でヒアリング調査をおこなったものである．

　Aさんは，中国の大学の経営学部で会計を専攻し，卒業後，中国で3年ほど経理関係の仕事につき，日本への留学費用を貯めて日本に留学した．日本への留学では，経営学の大学院を修了することができた．その後，日本の会計学を教える専門学校に就職し，中国人留学生向けの簿記・会計の講師として働くようになった．その後，会計スクールの講師として管理職に昇進し，①会計スクールの教育プログラムの開発，更には，②後進の講師の研修と教育訓練もつとめるようになっている．

　仕事には満足しているものの，今の勤務時間帯が午後1時から午後10時までといささか遅く，かつ，学生の授業も担当しなければならない上に，中国語の会計教育プログラムの開発等の業務が多すぎると指摘している．最近では中国人留学生のみならず，中国で働く予定の日本人ビジネスマンを対象とした会計も教えており，負担が大きい．

　出産に関しては，勤務する会計スクールでは，日本政府の育児休業制度が適用されている．その制度については満足しているものの，家族からの育児サポート問題に悩んでいる．

　妊娠期には母体の栄養が非常に大切であるため，妊娠後期から，父が日本に

来て食生活をサポートした．出産時，父は在留期限に達して帰国した．その後，夫の母親（義母）が来日し，幸い，義母がずっと赤ん坊と彼女の面倒を見てくれて大いに助かったという．また，その後，本人は，中国に帰り，育児休暇が終わるまでに日本に戻るつもりである．そして，復帰する際には，自分の母親（祖母）と一緒に日本に戻ることを予定している．将来は両親が，そして入れ替わるようにして夫の両親がそれぞれ3カ月（最大半年）まで滞在できる親戚訪問ビザを使用して来日するとしている．

　中国人女性従業員の出産・育児サポートでは，夫婦の両親のサポートのための来日問題が大きなカギとなっている．

　私のヒアリング調査で他の回答者も同じ答えであったが，日本企業に就労する中国人女性従業員の育児休業からの復帰に関しては，下記の3点のポイントがある．

> ① 復帰前の元の職位・職務に戻れるのか？
> ② 時短勤務・在宅勤務等を十分に利用できるのか？
> ③ 保育所利用と病児保育の問題へ対処できるか？

　慣れた元の職位・職務にもどれれば，勤務時間の調整も取れ，仕事への負担も少ないが，慣れない新しい職位・職務となると勤務時間が長くなったり，仕事に習熟するための負担が増え，育児に支障がでることをAさんも心配している．また，育児において，時短勤務・在宅勤務の希望があるがこれが叶えられるとは限らない点への心配が大きい．また，それぞれの両親に頼れない場合は，保育所が利用できるかどうかも，育児休業からの復帰には大きな課題となる．これらの点は，中国人女性従業員のみならず日本人女性従業員にもあてはまる課題であるといえる．

　また，Aさん夫婦は，中国人留学生同士の夫婦であり，夫の家事参加・育児参加の意識はあるが，夫も日本企業勤務のため，長時間労働で早朝出勤のため，子供の送迎さえできない状況にある．そのため妻のAさんに家事・育児の責任が大きくかかっているが，やむをえないと判断している．ただ，中国人の夫の残業手当はしっかり支払われ，また，成果がボーナスに反映される点は満足している．それだけに，妻のAさんとしては，家事・育児を担える労働時間であるかが大きなポイントともなっている．

また，夫婦のプランとしては，子供を中国の小学校で学ばせたいとの強い希望を有している．そのため，子供の学齢期には中国に夫婦で帰国し，日本での留学と就労が生かせる仕事につきたいと考えている．

　そして，Aさんにとって，子供のために自分のキャリアを諦めるといった日本人女性のキャリア選択は理解できないし，また，育児と仕事を両立させながら，益々，自分のキャリアを発展させたいと考えている．

２）日本人男性と結婚したBさんの事例

　Bさんは日本滞在8年目であり，日本人の男性と結婚している．

　まず，日本で就職しようとした理由と日本の会社を選択した理由を尋ねた．Bさんは中国の大学で日本語を専攻していた．日本語学部で優秀な成績をおさめた後，日本に留学し，日本の大学で学び，その中で，日本人男性と知り合い就職後，結婚をした．

　日本企業への就職理由は，第1に，日本人男性との恋愛を成就させたかったのと，第2に，仕事内容が好きであった点がある．中国の現地との連絡も担当を任されており，とても「やりがい」があると感じている．そして，勤務先の会社の立地が良く，交通も便利で通勤がしやすく，様々なメリットがある点も気に入っている．最後に，就職理由として給料が悪くない点をあげている．なぜなら，中国で入社1年目の月給は地域によって多少違っているが，だいたい平均5000元（イコール8万円，2019年現在）ぐらいである．しかし，日本で新卒の月給は20万円ぐらいであり，Bさんの地元の中国企業より著しく高いと考えているからである．

　Bさんは日本人男性と結婚後，出産・育児について悩んでいる．それは，所在部門は中国現地法人と連絡することが必要だが，中国人社員が日本本社にわずかしかいないため，出産時期の選択はこれを考えなければならないからである．もう1人の中国人女性の先輩がすでに結婚しているため，先輩が先に育休を取得し，彼女が復帰してから自分が休んだほうがいいとも考えている．部門と同僚に迷惑をかけたくないと思いからそのように考えているのである．

　Bさんは，在職企業の女性向け福利厚生制度の有無と利用状況に関しては，はっきり把握できておらず，育児休暇の期間が1年間ということしか知らない状況である．また，現時点で想定する育児方法については，「夫の協力が得られれば，仕事と育児を両立したい．もしきつかったら，専業主婦になる可能性

もある．あるいは，パートやオンラインショップをやる可能性もある」と返答している．

　この点から女性外国人従業員に対しても，産休等の福利厚生についても，企業サイドからしっかりと説明をおこなうことが大切であることが認識させられる．

　続いて，Bさんのキャリアとライフプランについての話を聞いている．

　キャリアプランに関しては，Bさんは今の仕事についての満足度は50％程度しかない．それゆえ，転職行動はしてないものの，やはりもっといい会社を希望している．なぜなら，今の会社は規模が小さくて人事管理システムが不完全だがらである．そして，長期的なキャリアプランはとくになく，日本企業の管理職の忙しさを見ていると管理職にあまりなりたくないと感じている．なぜなら，日本でいったん管理職になると，責任が重くなり，生活と両立できないと思うからである．

3）中国語スクールに勤務する既婚者のCさんの事例

　Cさんは日本滞在8年目である．婚姻状況は既婚であり，同じ中国語スクールに勤務する中国人の同僚と結婚している．

　Cさんは中国の大学で経営学部を卒業し，得意な英語をいかして上海にある外資系（米国系）企業で3年間働いた．その後，日本語も学びたくなり，日本に来て日本語学校に入学した．日本語学校を卒業し，日本の大学院博士課程前期課程でマーケティングを専攻し，修了後，大手モーター製造メーカーに入社した．ここでは長時間労働が毎日続き体調に不安をもつようになった．そのため，我慢できなくなり退職し，その後，中国語スクールに転職して，学生募集と管理などの仕事を担当する正社員として勤めている．ヒアリング調査の時点まで，この中国語スクールで働いており，その後，別の中国語スクールに転職し，とても楽しく過ごしているとCさんは語った．

　まず，日本で就職しようとした理由と今の会社を選択した理由は，①日本のアニメなどの文化が好きで，日本に来てもっと知ってみたい，②日本で何年間か生活してみたい，③日本の企業文化を体験したい，といった3つの理由があると答えている．現在働いている中国語学校を選択した理由について尋ねると，1つ目は，人にものを教えることが好きで，一度は，先生になりたかったからである．特に，中国語を通して，日本人に中国文化を伝えることには，

やりがいがあると感じている．2つ目は，業界の現状と見通しの側面から見ると，中国はますます発展しており，中国語に関心をもつ日本人の数は近年ますます増えているし，英語と同じく中国語の取得を後押しする日本企業が多いのでビジネスニーズはあると考えている．中国語学校での仕事経験を積んで，将来的には，日本人ビジネスマンの中国への短期留学の仲介会社を起業しようと考えているとCさんは返答している．

次に，結婚・育児に対する考えに関して，Cさんは自身の親を呼び寄せて，育児支援をお願いしようと考えている．万一，両親の育児支援が取れなければ，家事も育児も夫と分担して，できるだけ仕事と家庭を両立したいとCさんは話しているとしている．

将来は，場合によっては，日本人の夫と中国で働き，子供を中国で育てることも考えている．経済状況，政治状況によって，日本と中国の2つの世界を行き来できればとも考えている．

中国人女性従業員に長く日本で働くことを選択してもらうためには，日本企業の結婚・出産のサポートをおこなう労働時間管理の柔軟化と同時に，福利厚生制度の充実が求められている．

4．中国人留学生から見捨てられる日本・日本企業

次に，2018年4月から2019年8月にかけて日本で日本企業への就職活動をおこなったにも関わらず，母国・中国へ帰国し，中国企業への就職を選択した中国人留学生（10名：男性5名，女性5名）への筆者独自のヒアリング調査から，中国人留学生から本書の副題となっている「見捨てられる日本・日本企業」について論究することにしたい[7]．

彼らが日本企業を忌避した共通の理由としては，第1に，日本企業と中国の都市部の上海，北京などの賃金差がないか，もしくは，中国の都市部の賃金のほうが高いという事情がある．さらに，中国民間企業のほうが成果主義的な賃金制度をとっており，将来にわたっても，日本企業より中国企業のほうが高い報酬が見込める点がある．

第2に，一人っ子政策から今の20歳代は一人っ子が多く，親が中国に帰国することを強く希望する点がある．子供としても，親の期待に応えたいのと，40歳代になった時に，親の介護負担と子供の養育のことを考えると，日本企業よ

りも中国企業のほうがより高い報酬が見込め，介護もしやすい点などを考えて，中国に帰国する事例が多い．

　第3に，日本企業への就職活動が特殊で長く，苦労するものであり，あえて，苦労して日本企業に就職活動をおこなう意味を失う事例が多い．日本人学生と中国人留学生を同等に評価し，同じプロセスを経て，平等に採用しようする日本企業のデメリットがでていると言えよう．

　第4に，日本企業はジェネラリスト採用であり，専門職採用でないため，将来のキャリア形成のプロセスが見えない不安がある．

　第5に，中国人留学生の日本へのイメージの変化がある．2019年，中国の経済発展に伴いICTがすすみ，中国では，現金決済がなくなり，スマホ決済になっている．これに対して，日本は現金決済であるため，ICT後進国のイメージを有するようになっている．

　上記のような中国人留学生が，日本企業に就職することを忌避する反面，積極的に，日本に残りたい，日本企業に就職したい理由としては，下記のような点がある．

　まず，日本に残りたい理由としては，第1に日本の自然環境の良さがある．中国では，公害や空気汚染が激しく，日本の自然環境の良さが日本に残る大きな理由ともなっている．第2に，日本企業は新規採用から新人教育訓練，OJT等々の様々な教育・訓練を行っており，新人として3年から4年，教育・訓練を受け，職務経験を積むために，日本企業への入職希望は残っている．

　次に，日本で日本企業に就職活動をおこなったのにも関わらず，母国・中国への帰国し，中国企業への就職を選択した中国人留学生の10人の中から特徴的なDさんの事例を紹介することにしたい．

Dさんの事例

　Dさんは，中国で高校を卒業してから日本の大学に入学した後，日本の大学院の修士課程に進学した中国人女性である．当初は，日本企業に就職しようと所属する大学のキャリアセミナーに参加したり，合同説明会に参加したり，実際に，エントリーシート，筆記試験，グループディスカッション，集団面接，個人面接なども経験した．しかし中国人の友人や親と話すうちに，日本企業に就職せず，中国に帰国して，中国企業で働くことに決めた．

　まず，日本企業について学べば学ぶほど嫌になった点がある．それは，第1

に，日本企業における女性の就業継続の困難性がある．日本人女性でも，就業継続が困難であることを知ると，中国人である自分はより厳しいであろうと考えた．第2に，日本企業の昇進スピードの遅さや自分の希望しない専門性のない部署にも異動されることである．また，Dさんは，実際に日本企業への就職活動を通して，そのプロセスの長さも嫌になった．なおかつ，就職活動の時期が重なるため，何社ものエントリーシートを外国語である日本語で作成し，意味を見出せない筆記試験（SPIやWEBテスト）をパスしなければならず，なおかつ，ディベートではなく協調的な討議を重視するグループディスカッションも嫌になった．これらの就職試験に合理性を見出せず，「日本的経営」に基づく日本的な遅れた採用試験としか感じることができなかった．

また，中国の都市部（上海，北京等）では，今や日本企業の提示する初任給よりも高い賃金も多く，賃金的にも日本企業に就職する意味が見出せなかった．中国の中国企業や外資系企業で日本企業と取引をする企業も多く，日本語のできる中国人材は不足しており，帰国して就職できる可能性を感じた．また，中国への帰国は，両親の強い希望でもあった．一人っ子政策の中で，彼女も一人っ子であり，親の期待は大きい．中国では，年金等の社会保障が整っておらず，子供が親の養護・介護をするという社会通念があるため，子供への期待と子供の責任の大きさがある．それだけに，40歳から50歳代には，夫婦で両方の両親の養護・介護と子供の教育と面倒をみる必要がある．そのために，中国人留学生としては，中国でより高い地位と報酬を求めて，中国企業や外資系企業にまずは就職し，その後，転職で地位と報酬のアップを40歳代まで計ってゆくというキャリアデザインを有している．40歳代では，高い専門能力を基礎とした安定した高い地位と大きな報酬を確立し，それをもとに，両親の養護・介護の費用と子供の教育費を賄えるようになることを目指している．そのためにも，日本のような専業主婦願望はなく，バリバリ働き，子育ては，両親に任せ，高い地位と大きな報酬を目指したいと考えている．

日本で日本企業に就職活動をおこなったのにも関わらず，母国・中国へ帰国し，中国企業への就職を選択した10人の中国人留学生，特に，Dさんの事例から日本・日本企業が，中国人留学生を含む中国人留学生の気持ちやキャリアデザインを理解していない点を痛感させられた．

5．小　結 ——中国人留学生・従業員の就職・就業継続に関して——

　本章では，中国人留学生・従業員に対象を絞って，日本企業への就職活動・採用・定着問題について，紹介・考察をおこなった．

　まず，本章では，筆者のオリジナルのヒアリング調査を通して，中国人留学生の就職サポートの課題について分析し明らかにすることができた．そこでは，中国人留学生にとっては，インターンシップや就職活動指導などを通して，日本企業で内定を獲得しやすくなるような就職活動指導を日本の大学・大学院で組織的におこなうべきことが確認された．

　また，中国人留学生の採用管理に際して，日本人学生とは異なる個性や能力をきちんと見極めることができるような考え方，選考手法などを早急に検討する必要があることも指摘した．

　それに加えて，前節で，中国人女性従業員の就業継続についてヒアリング調査の代表例3人の調査内容について紹介をおこなった．ここでは，中国人女性従業員の就業継続のための特徴的な側面について2点，指摘しておきたい．

　第1は，中国人女性従業員を巡る「両親の呼び寄せ」についてである．中国社会では，前述したように，中国の祖父母が孫の面倒を見ることについて積極的である．しかし，中国の場合，地域によっては簡単に家族訪問のビザがおりない場合もあり，一律でない側面があると同時に，日本での家族訪問のための長期滞在も，現在の在留資格制度では満足なものではない．

　第2は，これは，中国人，日本人に関わらず，女性の就業継続において必要となる勤務時間と勤務（仕事）内容の調整問題がある．忙しい日本企業に勤務する夫側は，中国人であっても，育児参加状況が厳しくなっており，たとえ，祖父母の呼び寄せ・孫の世話といったサポートがあったとしても，勤務時間と勤務（仕事）内容の調整が女性従業員の就業継続のために必要である．

　また，本章では，日本で日本企業に就職活動をおこなったのにも関わらず，母国・中国へ帰国し，中国企業への就職を選択した中国人留学生（10名：男性5名，女性5名）への筆者独自のヒアリング調査から，中国人留学生から本書の副題となっている「見捨てられる日本・日本企業」の実態についても指摘することができた．

　本章では，量的には最も比率的に高い中国人留学生を対象として分析をおこ

なったが，今後は，著しく増加しつつあるベトナム人，インドネシア人などの
留学生の採用・定着・活用についても研究をおこなっていきたい．近年の研究
としては，宮城・中井［2017］などがある．そこでは，理科系ベトナム人の元
留学生の職場適応について分析されており，興味深い結論を得ている．

注
1）　http://www.moj.go.jp/content/001271107.pdf（2019年10月9日閲覧）.
2）　https://www.jasso.go.jp/about/statistics/intl_student_d/data18.html#no 1　（2019年
　　7月1日閲覧）.
3）　採用選考プロセスの論述については，2019年に至るこれまでの中国人留学生への筆
　　者の系統的なヒアリング調査に基づく.
4）　2018年4月から12月にかけてヒアリングした12名の中国人留学生は，関東の大学の
　　留学生3名，中部の留学生3名，関西の留学生4名，九州の留学生2名である.
5）　USA，ホフステードの国際文化指標に関しては，ホフステード研究の国際的権威で
　　ある下記のホームページを参考にした（http://www.geerthofstede.eu/dimension-data-
　　matrix　2018年8月20日閲覧）.
6）　2018年4月から11月にかけてヒアリングをおこなった中国人女性従業員・日本企業
　　に就職予定の中国人留学生は，北京出身者が3名，上海出身者が2名，大連出身者3名，
　　南京出身者が2名である.
7）　2018年4月から2019年8月にかけておこなった中国人留学生へのヒアリング調査で
　　は，関東の大学の留学生3名，中部の留学生2名，関西の留学生3名，九州の留学生
　　3名である.

第 4 章

日本における外国人留学生とインターンシップ

1．日本と海外のインターンシップの違いとは

　まず，「外国人留学生とインターンシップ」について語る前に，外国人留学生の母国と日本とで，採用基準や働き方，インターンシップの意味づけがいかに違うかについて再度，確認をしておきたい．母国の多くが職務主義をとる外国人留学生にとって，属人主義的な採用管理をおこなう日本での就職活動や就業は，なかなか理解できない点が多い．欧米およびアジアの多くの国々の職務主義では，採用は客観的に求める職務の専門性や能力の高さによっておこなわれ，職務の配置・異動も職務の専門性をもとにおこなわれる．また，人事評価においても，職務記述書にもとづく厳格な職務範囲と職務内容の規定をもとに評価がくだされる．これに対して，日本では，これまで達成してきたこと，潜在能力，人柄，志望動機などを問うエントリシートや面接などを中心として採用が行なわれ，外国人留学生にとっては何を基準としているのかもわからない場合すらある．また，職務は，理系職・人文社会科学系といった文系職，もしくは総合職・一般職といった大きな2区分となっており，職務主義におけるマーケティング職，人事職，営業職，経理職といった専門性によって区分されていない場合もあり，混乱する場合もある［守屋 2012b：29-36］．

　また，欧米を中心とした職務主義をとる国では，中・長期の有償のインターンシップ体験を経て就職するケースも多いが，日本でもインターンシップが，欧米のように就職にかなりむすびつくケースもふえているが，中・長期であっても無償で，主として，キャリア教育・人材育成教育の一貫や企業の知名度をあげる活動としておこなわれる企業も多い．母国が職務主義をとる多くの外国人留学生にとって，日本企業のインターンシップにあえて時間を費やす意義や意味を理解しにくいことは，言うまでもあるまい．

　しかし，日本企業は，欧米企業とは異なる強固で独自の企業文化，長期的な視点にたつ経営戦略，日本文化に根差したホスピタリティあふれる企業理念，

ナレッジマネジメント，チームワーク，素早いキャッチアップなど独自の競争優位性を持っており，中・長期のインターンシップや日本企業への就職を通して外国人留学生が学べる意義は大きい．

それだけに，就職活動に入る前に，外国人留学生がインターンシップを経験し，日本の働き方や職場のチームワークを知ることは，とても有意義なことである．しかし，前述したように，インターンシップの意義が就職活動前の外国人留学生には理解できないという点と，外国人留学生向けのインターンシップをおこなう日本の企業が少ないといった多くの問題がある．もちろん，外国人留学生に対しインターンシップの意義や意味は，だんだん周知しつつあるが，まだまだ，現時点において，日本全国レベルでみれば足りないと言える．また，外国人向けインターンシップそのものが少ない現状も，大学・政府・経営者団体等の積極的な開拓によって，改善されつつあるが，その取り組みも，徐々にしか展開できていない．

日本における外国人留学生とインターンシップは，上記のように多くの問題点を有しており，本章の目的としては，まず，「日本における外国人留学生とインターンシップ」について考察をおこない，外国人留学生にとっても，日本の大学や企業にとっても実り多いインターンシップとは何かについて考察をおこなうことにある．

そのうえで，本章では，外国人留学生にとって有益な能力開発となる長期型インターンであるコーオプ演習（Cooperative Seminar）や産学連携型の新しい学習スタイルであるPBL（Project Based Learning：課題解決型学習）の「グローバル人材育成プログラム」における立命館大学での取り組みについて紹介をおこない，先進的な参考事例の紹介をおこなうことにしたい．

2．外国人留学生向けのインターンシップの現状への考察

まず，総論として，外国人留学生とインターンシップを取り巻く諸問題について論究することにしたい．

外国人留学生が，長期のインターンシップ体験を通して，結果として，インターンシップを体験した企業への就労を希望したり，日本企業への就労を希望することも少なくない．しかし，外国人留学生向けのインターンシップは，その数も日本人向けに比して少なく，府県により偏りがある点が問題である．結

果，外国人留学生は，参加するには日本人向けのインターンシップしかなく，そこでは日本人であれば理解できることは前提として語られないため，インターンシップを通した異文化理解が十分に深まらず，むしろ疑問がより拡大する恐れさえある．私のヒアリング調査では，そもそも，在留年数の短い外国人留学生の中には，日本のインターンシップが理解できず，就労体験を，無賃労働と勘違いし，インターンシップに途中から行かなくなる事例もある．この場合，受け入れ企業も，急にこなくなるため，外国人留学生への誤解を生じることとなる．そのため，外国人留学生限定のインターンシップを開催し，企業や大学が日本のインターンシップでの体験の意味や意義を十分に説明することが大切である．日本人及び日本企業と外国人留学生の間には，日本人・日本企業が想像する以上に職業・就労・組織・インターンシップに関する考え方が大きく異なっており，その異文化理解差を埋める日本企業による挑戦が大切である [厚生労働省 2012]．

　また，これは就職活動時の外国人留学生向けの企業セミナーにも言えることであるが，福岡県，大阪府，愛知県，東京都など大都市圏では，外国人向けのインターンシップも商工会議所等の各種団体によって主催・開催され，その企業数も多い．しかし，地方の各県では，外国人向けインターンシップの企業の参加数も少なく，企業規模も小さいのが現状である．都市部の外国人向けインターンシップ情報を，もっと地方で学ぶ外国人留学生に周知する必要がある．反面，地方各県の地元企業においても外国人留学生の採用ニーズはあり，外国人留学生を都市部に流出することは残念な面もある．それだけに，各県の自治体・商工会議所・経営者団体において，地元企業の外国人留学生の採用ニーズを掘り起こし，実際の採用に結び付くように，量的・質的にもインターンシップを拡充し，結果として外国人留学生の地元への定着化（インターンシップ⇒地元企業への志望と内定⇒卒業⇒地元企業への就職）をはかることが重要であろう [厚生労働省 2012]．

　また，日本企業のインターンシップの期間の短さにも課題がある．近年では，ワンディ・インターンシップとして，1日だけのインターンシップも多い．早期の企業説明会のように，その企業のことを広く学生諸君に知ってもらうことには意義があるし，また，アルバイトや体育会所属等の忙しい大学生にとっては，短期間で参加できるインターンシップは「ありがたい」存在でもある．しかし，短期のインターンシップは，外国人留学生にとって企業説明程度のもの

に終わり，日本企業理解には至らないし，そもそも参加する意味・意義が見いだせないと言える．

　また，前述したことであるが，一般的に大学における外国人留学生向けのインターンシップへの「啓蒙」教育も，もっと必要であると考えられる．私のヒアリング調査では，職務主義に基づく外国人留学生の母国でのインターンシップや就職活動は，千差万物であり，多くの外国人留学生は，母国を基準として日本企業への就職活動をはかるために，苦労や誤解，ひいては，日本企業への不信に繋がる場合さえある．それゆえ，大学では，教務部，キャリアセンター（就職部），国際部，留学生センターが連携して，外国人留学生のインターンシップ・就職問題について取り組む必要性があると考えられるが，いまだ，日本全国レベルでみれば，多くの大学が暗中模索であると推察できる．その理由としては，第1に，世界的に見て，日本の雇用慣行，採用・雇用管理の特殊性があり，それを，外国人留学生にどう伝えるかという体系的教育の組み立て（日本と欧米の人的資源管理の構造と機能の差異）と，第2に，一般的な問題として，大学における教務部，キャリアセンター（就職部），国際部，留学生センターの連携の問題がある．特に，インターンシップは，単位認定の問題もあり，教務部と就職対策としてのキャリアセンター，異文化理解としての国際部，留学生センターといった形での密接な相互連携がとても大切である．しかし，日本の大学では，一般的に，各部局が縦割りの管理・統制をおこなっているため横の連携が難しくなっている．そのため，コアとなる部署を選定し，外国人留学生の受け入れ・教育・研究から卒業・修了，就職までの一連の流れの中で，インターンシップについても，明確に位置づけをおこない，他の部局と綿密に連動させて取り組むことが求められていると言えよう．

　また，大学と経営者団体（商工会議所，中小企業中央会，中小企業同友会，各県府の経営者協会など），地方自治体（県・市）との連携強化も，外国人留学生向けのインターンシップ拡充の重要課題である．このような連携では，ついつい異文化な価値と行動様式をもつ学生を送り出す大学も受け入れる日本の企業も，日本的な「気遣い」に双方とも疲労してしまうケースが見受けられるが，外国人留学生のインターンシップに関しては，もっと「おおらかさ」と「寛容の精神」と異文化コミュニケーション能力の向上が必要であろう．日本的な「礼儀正しさ」，「時間厳守」等々，日本社会において常識であっても，外国人留学生にとっては，異文化であり，「なぜそこまで厳しいのか？」「そこまで厳しくする必要

があるのか？」などといった「日本の基本的なビジネスマナー」さえ疑問を有する場合もしばしばあるからである．

3．外国人留学生向けのインターンシップの新たなる取り組み

次に，2014年以降の近年の外国人留学生向けのインターンシップの新たなる取り組みについて，紹介・考察をおこなうことにしたい．

例えば，大阪府立大学では堺商工会議所と提携し，2014年4月より中小企業へのインターンシップを始めている．この事例で注目すべきは，まず，外国人留学生が，長期のインターンシップに参加する際の生活費の問題を，大阪府立大学から「奨学金」の名目で援助している点である．タイの泰日工業大学から来たタイ人留学生に対しては，渡航費・滞在費の名目で，1名100万円の「奨学金」を支給している．外国人留学生の場合，生活費をバイトをして稼いでいる場合もあり，長期のインターンシップではこのような資金面での支援や配慮が重要である．[2] 泰日工業大学は，タイに進出した日本企業が中心になって設立した大学であり，製造企業で働く人材の育成を目的とした教育・研究がなされている．

また，大阪商工会議所では2014年7月に，外国人留学生の採用を希望する中小企業20社から30社と，外国人留学生60人から70人が参加して，インターンシップマッチングをおこなっている．[3] ここで，重要なのは，外国人留学生が，インターンシップマッチングを通して，直接，中小企業の経営者や管理者からその会社の話が聞け，興味を持てる中小企業にインターンシップへいくことである．外国人留学生には，母国でも知名度の高い日本の多国籍大企業に就職したいという日本人学生と共通の志向性があるものの，日本人学生よりも強い起業意識を有している．それだけに，就職活動がはじまる前の早い時期に，優秀な製造技術を有する日本の中小企業の経営者や管理者から直接話を聞けるインターンシップに参加することは，大変有意義なことである．外国人留学生にとって，インターンシップを通して，日本の優れた製造技術を有する中小企業の経営や管理を知ることはとてもためになるし，またインターンシップからその企業に採用を志望し，結果として，日本の中小企業で働くことは，将来日本もしくは母国で起業を図るうえで大きな財産にあると考えられる．また日本の中小企業にとっても，インターンシップを通して外国人留学生への知名度をあげ，自社

に興味を強く持ってくれる人材を迎え入れ，その結果，就職活動を通して，母国の商習慣に精通した外国人留学生人材を採用・活用できることは，大きなメリットがあると考えられる．

琉球大学では，2011年度から2015年にかけて海外から外国人留学生を招いて，インターンンシッププログラムを実施し，大きな成果をあげている［葦原・小野塚 2016］．

次に，日本の大学の中でも過去10年，いやおそらく未来10年を見ても先進的な教育の取り組みと評価されるであろう立命館大学のコーオプ演習・グローバル人材養成プログラムにおけるPBLの取り組みの紹介をすることにしたい．

４．立命館大学のコーオプ演習・PBLの取り組みの紹介

立命館大学のコーオプ演習・グローバル人材養成プログラムにおけるPBLの取り組みを紹介する前に，そもそもコーオプ演習とは何かについて簡単にふれておきたい．アメリカにおいて，1970年代頃からインターンシップは，中期・短期の無報酬のインターンシップと，中長期の報酬を原則とするコーオプ演習にわかれていったとされている．アメリカのコーオプ教育は，既に専門分野において相当な単位取得を経た学生を対象にして，カリキュラムの仕上げとして行われる仕事もしくはサービスの経験である．コーオプ演習は，1968年から1982年に至る15年間，アメリカ政府からコーオプ演習を行う大学に対して，１大学7.5万ドルを援助したことでアメリカ全土に広がった［斉藤 2014：95］．

日本の場合，インターンシップの導入は1990年代に本格的におこなわれたが，就職協定の廃止や若者の就業意識の低下，キャリア教育・就職問題への対応としておこなわれたため，専門分野における中・長期の有償のコーオプ教育に十分に光があたってこなかったと言える［田中 2010：9-18］．

立命館大学では，2004年度から長期インターンシップを導入し，地元企業を中心に14社と提携し展開をはじめている．そこでは，１チーム５名から７名で，場合によっては国籍を超えて日本人学生，外国人留学生などが一緒になり，大学院生をリーダーとして，企業の問題解決にあたる取り組みをおこなっている．現在の立命館大学のコーオプ演習のポイントは，１年間という長期間の取り組みと，場合によっては日本人と外国人留学生が共に１つの企業の問題解決にあたる点，大学院生がリーダーとなり専門的な解決提案に導く点がある．この立

命館大学のコーオプ演習では，過去に，特許申請ができるような問題解決提案をしたり，卒業後メンバーが，受け入れ先企業に就職する事例もあらわれ，大きな成果をおさめている．コーオプ演習の特徴としては，文系よりも専門性が要求される理系・文理融合系に，より効果があらわれている．

　現状，立命館大学において，外国人留学生がコーオプ演習に参加する人数は少数ではあるが，参加した外国人留学生は，日本人学生と 1 年間にわたり問題発見・課題解決型インターンシップを経験し，日本人・日本企業の異文化理解を深めるうえで，とても有効な手段となっている．また，積極的に外国人留学生の参加・提案を期待する企業も時にもある．また，立命館大学の場合，総合大学の強みをいかし，文理融合の連携チームを学生間で組めており，この点は外国人留学生のみならず，高度人材の育成を図るうえでとても役立っている．

　立命館大学のコーオプ演習の2014年度のスケジュールでは，4 月・5 月に 2回生以上の学部生と大学院生の公募，書類・面接選考をおこなっている．外国人留学生は，日常レベルの日本語が話せることが条件となっている．6 月には，全受講者を対象とした学内研究会を実施し，特にリーダーとなる大学院生には，チーム運営のポイントなどが伝授される．また，インターンシップのための法律的知識やビジネスマナー研修もおこなわれている．そして，7 月から 8 月は，受け入れ期間訪問，企画立案研修，プレゼンテーション研修，受け入れ期間研修を受け，9 月 1 日から 5 日には，コーオプ教育概論を受けることとなっている．まさに前期は，インターンシップの準備期間とスタート期間と言える．そして，10月には中間発表会，12月には成果発表会となり，翌年の 1 月には報告書を作成し，提出することとなっている．

　また，立命館大学では2010年より「グローバル人材養成プログラム」を産学連携で取り組んでおり，そのプログラムにおいてグローバル企業に提示してもらった課題を，日本人学生と外国人留学生が協同してグループワークで議論をし，解決策を提案する「グローバルPBL学習プログラム」をおこない成果をおさめている．立命館大学のグローバル人材養成プログラムは，大学生は 3 回生以上，大学院は修士の 1 回生以上を対象とし，国籍混合・所属キャンパス混合，文系・理系混合のチームによって構成されたダイバシティ（多様）なプログラムとなっている．そして，プログラムに参加できる学生も，コーオプ演習と同じく選考によって選抜された優秀な学生層を対象としている．この「グローバルPBL学習プログラム」では，コーオプ演習以上に，日本人学生と外国人留学

表4-1 グローバル人材養成プログラム参加者数 (年度・国籍別)

年度	中国	韓国	台湾	タイ	ベトナム	マレーシア	イギリス	日本	合計
2010年	5	5		1	1		1	6	36
2011年	5	5	2	2	1			19	48
2012年	9	9				1		32	56

出所) 「キャリア形成支援を通じたグローバル人材養成プログラム」(2014) 立命館大学キャリ
アセンターより.

生が，同じチームを組んで，異文化の壁を乗り越え，チームとして困難な壁を
乗り越えてゆくことを目的としている．この「グローバル人材養成プログラム」
も，5月からはじまり12月に至るまでの半年以上の取り組みとなっている．

　グローバル人材養成プログラムでは，PBL学習プログラム以外にも，ホスピ
タリティの概念や日本企業においてホスピタリティがいかに生かされているか
を学ぶ「ホスピタリティ特論」や外資系企業や日本多国籍企業に勤務するマネ
ジャーを招へいし，様々なグローバル化の課題について学ぶ「グローバルリー
ダーリレー講義」など多彩なプログラムが盛り込まれている．そして，立命館
大学の「グローバル人材養成プログラム」の国別の受講生の割合を見ると**表
4-1**のようになっている．

　国籍も，中国，韓国，台湾，タイ，ベトナム，マレーシア，イギリスと実に
多様であり，こうした外国人留学生とグローバルなキャリア形成に意識の高い
日本人学生が，グローバル化に関して，PBLを通して，議論し，共同提案をつ
くりだすことは，双方にとっても，とても意義のある取り組みと言える．

5．小　結

　以上，外国人留学生にとっても日本の大学や企業にとっても実り多いイン
ターンシップとは何か，そうするためにはどうすれば良いのかについて様々な
角度から考察をおこなってきた．外国人留学生にとっては，インターンシップ
中の生活費等々の諸問題をクリアしながら日本企業のインターンシップを通し
て，能力開発をおこない日本企業への異文化理解と就職志望意欲を高めること
である．そのような外国人留学生にとって有益と思われる中・長期型のインター
ンシップの事例として，本章では立命館大学のコーオプ演習・グローバル人材

養成プログラムのPBLの取り組みを紹介した．また，日本の大学や企業にとっ
ては，そうした外国人留学生の日本企業のインターンシップへの興味とイン
ターンシップを通して日本企業への異文化理解・日本的経営への理解・就職志
望意欲を高めることと同時に，日本の大企業のみならず中小企業と外国人留学
生とのマッチングをはかることでもあるとしてきた．そして，このような点を
達成するために，大学内外の各部署・各組織の連携強化など様々な試みをおこ
なうことが重要であることを論究した．

　そのうえで，立命館大学のコーオプ演習・グローバル人材養成プログラムの
ように選抜された優秀な外国人留学生に対する中・長期のインターンシップの
有効性を指摘した．また，外国人留学生に広くインターンシップ体験に挑戦し
てもらう工夫を，大学・地方自治体・企業・関係諸機関において取り組んでい
く必要性も指摘した．

　また，外国人留学生に対するインターンシップ指導のみならず就職活動指導，
採用・雇用管理にも言えることであるが，一般的に，日本の大学，企業，関係
諸機関の外国人留学生への理解不足という点もある．例えば，中国人留学生と
いっても，北京，上海，華南，東北といった出身地域や出身階層によって価値
観・行動様式・キャリア形成の志向性においても大きな差異があるが，その点
に関して理解が不足している場合が多い．私自身，外国人留学生・日本人学生
のためのグローバル人材育成という点においても，指導する側である大学，企
業，関係諸機関が，研究会等を組織し，学習・研究を重ねてゆく必要性を痛感
している．

　それと，2014年の傾向としては，日本企業の東南アジアへの展開を反映して，
東南アジアの外国人留学生に対して日本企業の目が向けられている点に特徴が
ある．これには，中国の人件費の高騰等により中国からベトナム・ミャンマー
へ生産拠点を移転したり，成長する新興国市場をにらんで進出を検討する企業
が広がっていることを背景としている．例えば，九州経済調査協会が，2012年
に調査した結果では，今後，生産拠点として関心がある国として，タイ・マレー
シア，ベトナム，ミャンマーの国々が上位4位を占めている．特に，ベトナム，
ミャンマーは，中国からの生産拠点の移転国として注目を集めいている．これ
らの中小企業でも，ベトナム人留学生の採用などをおこない，ベトナム工場の
運営要員として育成されるようになっている[4]．この傾向は，2019年においても，
米中経済戦争の影響もあり益々，深まりつつある．

しかし，東南アジアのベトナム，ミャンマー，タイ，インドネシアから私費で留学できる学生は，2019年でも中国に比較すると人数的に極めて限定されている．それだけに，日本政府・地方自治体・企業・大学などが積極的に奨学金や生活面での支援をおこない，ASEAN諸国との経済的・政治的・文化的関係をより強化するためにも，東南アジアから優秀な留学生を獲得することが重要である．その意味では，本章で紹介した大阪府立大学のインターンシップの試みは，注目に値する試みと言える．そして，産官学一体となった東南アジアからの留学生の獲得，日本での日本文化等への異文化適応教育，日本的経営スタイルに関する教育，インターンシップ，PBLそして，日本企業への就職を，一貫した１つの流れとして実践をおこなうことが重要であると考えられる．

注
1）　2014年６月，立命館大学の外国人留学生20名をアトラムダムに抽出し，かれらを対象として，「日本における外国人留学生とインターンシップ」に関する半構造化された詳細な定性的調査をおこなった．
2）　『日本経済新聞』2014年５月28日．
3）　『日本経済新聞』2014年５月28日．
4）　「九州の中小，東南アジアめざす，取引メーカー進出を追う，工場新設や留学生を採用」『日本経済新聞』2013年３月９日．

第 5 章

日本の中小企業の外国人材の採用・活用の現状と課題
──中小企業勤務の外国人材へのヒアリング調査と関西の中小企業の事例調査を中心として──

1．日本の中小企業の外国人材の採用・活用の課題と問題点

　日本の人口急減に伴う国内需要減による経営環境の変化や新興国等の海外需要の拡大の変化に対応し生き残るために，日本の中小企業が下請け構造的な大企業からの受注・生産への依存から脱却し，海外展開を図り，自らのブランドによって成長する新興国の海外市場への販路拡大をはかる必要性が企業レベルにおいても社会的にも高まってきている[1]．

　上記の点を背景として，日本政府による日本の中小企業の海外展開に対する政策的な支援についても国内で議論がなされおり，結果，2011年6月23日には「中小企業海外展開支援大綱Ⅲ」が策定されている．そこで，取り組むべき重点課題として，① 情報収集・提供，② マーケティング，③ 人材の育成・確保，④ 資金調達，⑤ 貿易投資環境の改善の5点が提示されている．また，2013年6月14日に「日本再興戦略」が閣議決定されている．中小企業の国際展開が成長戦略の柱の1つとされ，中堅・中小企業等の輸出額を2010年から2020年までの10年間で2倍にする等の具体的な数値目標（KPI：Key Performance Indicator）が明らかにされている[2]．

　そこで本章では，日本の中小企業の国際展開を支える人材として，外国人材，その中でも留学生に着目をして分析・解明をおこなっていきたい．

　また，上記のような既存の日本の中小企業の国際展開と同時に，企業の誕生・設立当初から国際展開を志向して，急速にグローバル展開を果たすベンチャービジネス型の「ボーングローバル企業」が増えてきており，ニッチな中小企業から国際展開を果たし，急速に規模を拡大する企業が日本においても生まれつつある［中村 2013：63-75］．日本型のボーングローバル企業の成長要因として，神田・高井・ベントン［2017］の研究によれば，人材育成の強化などの無形資産の強化を第一要因としてあげており，外国人人材を含めていかにすぐれた人材を獲得・強化し，イノベーションと結びつけることが鍵であるとしている．

このような国際展開をめざす日本の中小企業の「高度な外国人人材：特に，大学・大学院卒の留学生」の採用・配置・異動・キャリア開発・定着策などに関して研究をおこなう意義としては，前述したような① 日本の中小企業の国際化・海外展開への適応，② 日本の少子高齢化の中，日本の中小企業の労働力不足への対応策がある．そして，それ以外にも，中小企業経営を活性化させるであろう③ 日本の中小企業のダイバシティ（多様化）の促進などがある．

　これまでも筆者は，高度な外国人材について調査研究を展開してきたが［守屋 2012b：29-37；2014a：28-39；2016；Moriya 2013］，特に本章では，日本の中小企業が，いかにすれば，「高度な外国人材：特に，大学・大学院卒の留学生」を採用し，外国人材が満足するキャリア開発や配置・異動・処遇をおこない外国人材の定着化を図ってゆくのかを解明することにある．しかし，外国人材(特に，外国人留学生)も，基本的に大企業志向であり，その中でいかにすれば，日本の中小企業が優秀な外国人人材を採用できるかという点も大きな経営課題と人材採用戦略がある．また，日本人以外の高度な外国人人材は，職務主義であるため転職意欲も高く母国への帰国の希望も高いため定着を高めてゆくことも中小企業の経営・人材採用戦略の大きな課題である．このような人材採用戦略やキャリア開発・報酬管理・福利厚生などの戦略的人的資源管理についても解明をおこなうことが，本章における重要な研究課題である．

　このような諸点について，本章では，中小企業への半構造化調査法を用いた「元外国人留学生から中小企業に勤めた外国人材」と「外国人材を雇用している中小企業」に対するヒアリング調査をおこなうことを通して明らかにしてゆくことにしたい．

　そして，ここでの分析視角としては，「タレントマネジメント」がある［守屋 2012b：29-37；2013；2014a：28-39；2016；Moriya 2013］．「タレントマネジメント」では，本書の後の章で論述されているが，人材のタレント（才能）に着目し，いかに才能ある人材を獲得し，そうしたタレント人材の確保・定着をすすめるために，企業文化・企業ヴィジョン，技術革新をすすめ，優秀な人材を惹きつける報酬制度やキャリア開発，ダイバシティマネジメントを実践していくのかという分析視角がある．「タレントマネジメント」の分析視角は，主として，大企業の分析視角であるが，本章では，あえて中小企業に「タレントマネジメント」の分析視角を用いることで，中小企業による外国人材の獲得・定着に関する新しい視点を切り開ければと考えている．タレントマネジメントについて

は，本書の第 8 章から第11章において詳細に論述している．

2．日本の中小企業の国際展開と求められる高度な外国人材

　まず，先行調査・研究から簡単に日本の中小企業の国際展開の状況について簡単にふれることにしたい．

（1）中小企業の国際展開の拡大とその課題

　日本の中小企業の国際展開の形態は，① 輸出というこれまで国際展開の一般的形態と② 直接投資（中小企業が出資して，海外に法人を設立するタイプ）と③ 合併など（日本の中小企業が海外現地法人に様々な形で資本参加をおこなう形態），の 3 タイプなどがある．それに加えて近年，インバウンドと呼ばれる日本を訪れる外国人向けのサービスや製品を販売することも，日本の中小企業の重要な国際展開となっている．

　『中小企業白書 2012年版』によれば，日本の中小製造企業では輸出企業である 4 -10人の零細中小企業が僅か0.7％であるのに対して，201〜300人の中堅企業は22.0％，更に300人を超える中堅企業では17.3％と，製造中小企業において，従業者数が高くなるほど各区分の中で輸出企業を占める割合が高くなっている．もちろん，日本の零細企業の企業にも高い技術力を有して積極的に輸出をおこなう企業もある．

　また，中小企業庁［2012］『中小企業白書 2012年版』よれば，直接投資企業数は，2001年，6074社から2006年に8211社に拡大し，リーマンショックを契機とした世界的な不況が影響し，2009年に7977社まで減少した後，拡大している．商工組合中央金庫調査部［2015］『中小企業の海外進出に関する意識調査』によれば，日本の中小企業の進出先順位は，第 1 位が，中国の61.4％であり，次に，第 2 位がタイの23.4％，第 3 位の台湾が15.9％，第 4 位がベトナム（15.2％）となっている．

　そして，中小企業庁［2014］『中小企業白書 2014年版』によれば，2008年の輸出企業の数は6303社であったが，2008年秋にはリーマンショックを契機とした世界的な不況が影響し，2009年・2010年は若干，その数は減少したものの2011年には年に6336社まで持再び増加している．

　中小企業庁［2016］『中小企業白書 2016年版』では，国内の市場が収縮する

反面，海外特にアジアにおける中間層や富裕層が増大することによって，海外需要をとりこむ重要性が増し，その結果，日本の中小企業が海外展開を行う数は増加しつつあることが指摘されている．そしてこうした海外展開を達成した企業などが，『中小企業白書 2016年版』では生産性を向上し，国内における従業員数の増大を図っていることが明らかとなっている．『中小企業白書 2016年版』において紹介されている中小企業庁の調査によれば，直接投資によって国内の従業員数を増加させた企業は，販売・サービス拠点への直接投資した企業の21.2%であり，インバウンドによって国内の従業員数を増加させた企業は，インバウンド対応をした企業の19.4%であり，生産拠点へ直接投資した企業の18.9%である．

　このような日本の中小企業の直接投資の着実な増大には，① 主要な下請け構造の中での主要な取引先の大企業の生産移転に付随した国際展開，② アジアの相対的な安い賃金の労働力やアジアの緩い環境規制，安全基準などによる総生産コストの引き下げを狙った国際展開があり，少子高齢化による人口減少による日本の国内市場の縮小を想定し，海外輸出や海外直接投資によって，拡大するアジアの新興市場に活路を見出そうとしていることが背景にある．

　このような中小企業の国際展開を支える存在として求められるのが，高度な外国人材（特に，大学・大学院卒のアジアの外国人留学生）であるといえる．本章では，特にその点に着目して分析をおこなっている．

（2）求められる外国人材の新動向

　近年の日本企業の外国人材の採用動向について，既存の調査から見ることにしたい．

　日本貿易振興機構（JETRO）［2015］「2015年度日本企業の海外事業展開に関するアンケート調査」によれば，日本企業に求められる外国人材採用の新動向としては，まず先に論述したように，インバウンド（外国人観光客）急増に対応するための，観光業・宿泊業・小売業などでの外国人材（外国人留学生など）の獲得活発化がある．2015年以降の傾向としては，非製造業（サービス業）の大企業，たとえば，吉野家，はなまるうどんなどの外食チェーンなどが積極的な海外展開をはかっており，そのため外国人材（外国人留学生など）の積極的採用をおこなっている．また前述してきたように，日本の中小企業の直接輸出・海外進出（直接投資）をはじめとした国際展開が活発化し，日本の中小企業も，外国人材

の積極的な採用活動を展開している．同調査でも，中小の製造企業が海外展開を積極的におこなうようになってきている．また，同調査では，近年の外国人採用の傾向としては，これまでの日本国内を中心とした採用から，外国における現地人の採用も拡大している半面，本社勤務の外国人材の採用についても拡大している点を指摘している．

　次に，日本政策金融公庫総合研究所編［2017］が2016年８月から９月に実施した「外国人の活用に関するアンケート（回収数3924社）」では，アンケート回答企業のうち外国人を雇用している企業のうち，25.5％が「飲食店，宿泊業」，24.9％が「製造業」，13.8％が情報・通信業，7.2％が「サービス業」，6.6％が「小売業」となっている．人手不足・インバウンドの対応から多数の日本企業が外国人の雇用をおこなっている実態が伺える．その中で規模が４人以下が27.4％，５人から９人が25.7％，10人から19人が20.5％となっており，小規模な企業の４人から９人以下で，外国人雇用の53.1％と過半数を超えている．

　中小企業庁［2016］『中小企業白書2016 年版』では，輸出で42.7％，直接投資で40.6％の企業が「グローバル人材を確保できている」と答えているのに対して．輸出企業の44.0％，直接投資企業の57.3％が，「グローバル人材が不足している」と答えている．また，インバウンド対応している企業の中で，「グローバル人材を確保できている」と答えた企業の割合は，輸出企業や直接投資企業より低い15.7％しかなく，反対に，インバウンド対応している企業の中で68.6％の企業が，「グローバル人材が不足している」と答えている．歴史を有する輸出企業や直接投資をおこなう中小企業に比して，最近の傾向であるインバウンド対応でのグローバル人材の確保は，採用ノウハウも定着の取り組みもまだまだ歴史がなく蓄積がない点が推測できる．

3．日本の中小企業への外国人材の雇用の現状と課題を巡って

　次に，先行調査から日本の企業，特に中小企業への外国人材の就職・採用・定着策の現状について見ることにしたい．

（1）日本の中小企業への外国人人材の雇用の現状と課題
　日本貿易振興機構（JETRO）「2015年度日本企業の海外事業展開に関するアンケート調査」によると，調査対象企業の44％が外国人材を雇用しており，大企

業では72.7％，中小企業では36.7％が外国人材を雇用している．一般的に，大企業より中小企業は外国人の雇用実績がなく，外国人の在留許可をえるための申請においても，実績がないだけに認可されないケースもあり，その点においても，国際展開をはかって外国人雇用を希望する場合，外国人雇用の実績をつくってゆくことが大切である．

　また，同調査の「現在雇用していないが今後，雇用することを検討したい」との質問に対しては，大企業の10.3％に対して，中小企業は22.6％と，倍以上の意欲を示している．このことからも，前述したような中小企業の国際展開を背景として，中小企業の外国人材の採用意欲の高さを示しているといえよう．

　そして同調査によれば，2015年時点で調査対象企業の約20％が，外国人材の雇用を検討しており，約80％以上が全従業員の５％以下しか外国人材の採用をおこなっていない．具体的には，１％から５％未満が36.3％あり，１％未満が43.1％と最も多い．この点をどのように解釈するかは課題であるが，外国人雇用が進んでいない，すなわち外国人雇用に踏み切れない日本の中小企業の実態を示すと同時に，外国人雇用を拡大する可能性が豊富に残っているとも解釈することができよう．

（２）日本の中小企業の外国人採用と雇用を巡る問題点と課題

　まず，「日本企業の外国人の採用と雇用に関する学術的な先行研究」からその問題点と課題についてみることにしたい．

　白木［2008］は，外国人留学生が，日本企業において自らのキャリアの将来を見通せないため就職を望んでおらず，かつ，ほとんどの留学生がブランド志向であるために日本の中小企業に意識が向かっておらず，更に，将来の自らの起業やキャリア形成ができるなどのメリットも理解できていない点などを指摘している．そして，日本企業が外国人材に対して熱心に採用をおこなえておらず，採用できた企業もうまく活用できていない点を指摘している．

　また，郡司・荒川［2009］や中村・渡邊［2013］においても，企業の人材戦略と外国人・留学生が求めるキャリアデザインとのギャップが指摘されており，海外業務，特に母国との国際ビジネスのキャリアを描くキャリアデザインと日本企業の人材配置のギャップを指摘している．

　そして，中村・渡邊［2013］は，2013年の調査をもとに，留学生のキャリアデザインと日本企業との早い時期における「すりあわせ」の提案をおこなって

いる．このような結果，外国人留学生に母国へ帰国後の転職の一時的ルートとして「日本企業への就職」を考える傾向が生まれることになっていると指摘している．また，稲井［2011］は，日本企業サイドも，留学生の定着率が悪いため，熱心に留学生採用をおこなわず，留学生の望むキャリアデザインと人事戦略のすりあわせをおこなわないために，定着率アップがはかれていない現状があるとしている［稲井 2011：1-37］．

　黄・浦坂［2014］は，上記のような先行研究によって解明された外国人採用と雇用を巡る問題点と課題をふまえながら，2014年に調査をおこなった．そこで現地人の日本企業（日系企業）のイメージが低いのに対して，日本にいる留学生が日本企業に対して高い好イメージを有しているにも関わらず，日本企業への就職を強く希望しない傾向を明らかにしている．そして，黄・浦坂［2014］は，「まずは日系企業に好イメージを持つ在日留学生を積極的に確保すること，また就職するかどうかを迷っている学生へのアピールを強化することが有用である．日系企業全体のブランドイメージの崩壊から，より一層の人材流出がもたらされるという悪循環を，雇用の入口で断ち切る努力は必要だろう．」［黄・浦坂 2014：208］と指摘している．

　先行研究で指摘されているように，日本の企業，特に日本の中小企業の場合，日本企業に好イメージを有しながら就職を強く希望しない留学生に対して，就職を希望するようにしてゆくかが大きな課題といえよう．

4．日本の中小企業の採用・キャリア開発・報酬管理・福利厚生の問題点と課題
──中小企業勤務の外国人材へのヒアリング調査を中心として──

（1）日本の中小企業の採用の方法と課題

　前節における先行研究を踏まえながら，2015年から2017年にかけておこなった，半構造化調査法に基づく日本の中小企業に就職した12名の元外国人留学生に対するヒアリング調査をもとに，日本の中小企業の採用の方法と課題について論じることにしたい．

　まず，日本企業に好イメージを有しながら就職を強く希望しない留学生に対して，日本の中小企業に就職を希望するようにしてゆくためには，行政（国・県・市・町・村など）や大学・中小企業諸団体（商工会議所，経団連，中小企業中央会，中小企業家同友会など）等が仲介役となり，中・長期のインターンシップをおこなうことが肝要である．「社長（経営者）との距離が近い」，「起業をおこなう上で，

様々なノウハウを学べる」,「従業員に対する家族的な温かみ」などの日本の中小企業の良さを,日本で学ぶ留学生に体感してもらうことを通して,インターンシップ先の中小企業などへの就職を促してゆくことが第一の手段となる.

　採用活動は,インターンシップを含めて採用前から始まっているといって過言ではない.大企業に比して,ブランド力も知名度の点にもおとる中小企業が,外国人留学生に志望してもらうための事前活動が重要である（図5-1）.私がヒアリング調査をおこなった外国人留学生の中にも,中・長期のインターンシップを通じて,現在の中小企業のことを知り,その家族的でかつ自分たちのことを考えてくれる経営者に強く魅かれて入社した方がいる.

　また,中小企業諸団体（商工会議所,経団連,中小企業中央会,中小企業家同友会など）のユニークな取り組みとしては,中小企業家同友会の大学への寄附講座の取り組みがある.たとえば,大阪府中小企業家同友会は,阪南大学,大阪市立大学,大阪経済法科大学などに積極的に寄附講座を提供し,大阪府中小企業家同友会加盟の中小企業経営者が,毎回の講義において,それぞれの中小企業の紹介や経営の取り組みを広く紹介する活動をおこなっている.この取り組みを通して,日本人学生のみならず,外国人留学生にとっても,講義をおこなった中小企業の知名度をあげることとなっている.私の勤務する立命館大学大学院研究科の博士前期課程においても,大阪府中小企業家同友会からの寄附講座の受け入れを,2018年度・2019年度とおこない,外国人留学生の多い同研究科とのコラボが院生である外国人留学生に良いイメージを与えることがわかった.

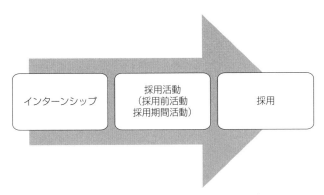

図5-1　日本の中小企業の外国人材の採用プロセス
出所）筆者作成.

　このような寄附講座のみならず，日本の中小企業の知名度をあげる取り組み
を通して，優秀な日本人のみならず優秀な外国人材を獲得することは，日本の
中小企業にとって極めて重要である．中小企業の人材採用戦略における大きな
強みは，経営者（社長・会長・所長などなど）の顔が見え，直接，当初から接する
ことができることにある．それだけに，日本の中小企業の経営者が広告塔とな
り，講演会や様々なメディアに登場し，さらには就職合同説明会にすすんで参
加し，優秀な人材獲得につとめることが大切である．私のヒアリング調査でも，
日本の中小企業への入社の決め手は，その会社との社長とのコミュニケーショ
ンとの答えが多かった．

　また，日本の中小企業のリクルーティングの時期は，日本人の場合でも，外
国人留学生の場合でも，大企業の就職内定のピーク時期が終った7月から秋・
冬以降となる．その際，多くの外国人留学生は，既に日本の大企業の採用試験
に落ちてメンタル的に傷ついているだけに，外国人留学生採用の意思が明確に
あるなど伝え，企業の国際展開のためにどのような人材を求めているかを具体
的に示して話すことと，入社後のメリットについて詳しく話すことが大切であ
る．私のヒアリング調査でも，そのような話し合いを通して，日本の中小企業
への入社を決めた外国人留学生が多く見られた．

　ヒアリング調査によると，2019年現在の為替との関係で見れば，ベトナムと
日本の給与水準（円ベース）でみれば，日本のほうが3倍以上の月収・年収を
獲得できるため，ベトナム人留学生にとって日本の中小企業は魅力的である．
ヒアリング調査では，ベトナム人を採用した中小企業では，技術開発の中心と
してベトナム人技術開発者が活躍し，会社の活性化をはかっているという．し
たがって，ベトナム人の優秀な理系外国人材を日本の中小企業が採用できる
チャンスがある．しかし，中国の都市部（北京など）・沿岸部（上海等）の発展し
た都市の給与は日本の給与に迫っており，日本での就職は魅力的ではなくなっ
ているとの指摘も，ヒアリング調査で聞かれた．

　そして，外国人留学生の採用において最も注意すべ点は，在留資格の切り替
えである．在留資格の「留学」が切れる前に，「留学」から就労可能な在留資
格に変更し，在留カードが「就労可」にならなければ，留学生は帰国しなけれ
ばならなくなる．したがって，経験のない日本の中小企業では，この在留資格
の切り替えこそが最大の問題であるともいえる［佐野・宮川・野口・西澤 2015］．

（2）日本の中小企業の外国人材のキャリア開発・報酬管理・福利厚生等の問題点と課題

次に，前述した元留学生から日本の中小企業に就職した外国人材のヒアリング調査を通して，外国人留学をはじめとする優秀な外国人材の定着化のためのキャリア・能力開発・報酬管理・配置・福利厚生について論究をおこないたい．

元留学生から日本の中小企業に就職した外国人材へのヒアリング調査からも，キャリア開発・能力開発を重視・努力しておこなってくれるかが，その後の定着期間を決める要因となるとの答えが聞かれた．キャリア開発・能力開発としては，① 外国人材に対する日本語・日本的なビジネスマナー・日本文化の理解といったものと② 会計・経理，国際貿易実務，マーケティングといった専門性を高める能力開発がある．中小企業の場合，大企業と異なり，キャリア開発・能力開発にかけるコストや余力がない側面があるが，外国人材の定着化をすすめてゆくためには，永続的にキャリア開発・能力開発がおこなわれるメリットを，中小企業であっても実感させる工夫が求められているといえよう．

福岡・趙［2013］では，三重県内の企業を調査し，留学生が日本語能力試験などの資格を有しているもののビジネスをおこなう上での日本語学運用能力には達しておらず，「日本語能力の更なる向上を求めている（26.7%）」，また，「日本の社会や文化，習慣，日本人の考え方などをよく理解してほしい（17.8%）」，「長期間勤務してほしい（13.3%）」といった要望を持っていることを明らかにしている．

日本の中小企業としても，日本語，母国語，英語といったトリリンガルな外国人材を求めているし，また，外国人材も，日本でのビジネス体験や更なる能力アップを求めているだけにキャリア開発・能力開発をおこなうことが重要である．

次に，報酬管理についてみることにしたい．外国人材の雇用において大切なことは，報酬管理が公正かつ適正におこなわれることである．元留学生から日本の中小企業に就職した外国人材のヒアリング調査からも，日本の中小企業において報酬管理の公正性・適正性への不満が聞かれた．「外国人材の母国では，職務主義がとられており，仕事を基準としたその仕事のパフォーマンスによって評価されるべきである」という意見があった．

佐野・宮川・野口・西澤［2015］では，外国人雇用における評価制度のあり方として，「継続的な評価制度の運用，公正で公表できる評価制度，評価結果

の調整機能」の3点をあげ，外国人材が活躍できる風土づくりこそが大切であると指摘している．

　したがって，日本の中小企業においても，経営者がぶれない評価基準をつくり，外国人材から賃金について聞かれても客観的かつ納得性をもって説明できるようにしていくことが，外国人材の信頼を勝ち取り，定着化をはかる基本であるといえよう．

　次に，コミュニケーションについてみることにしたい．私のヒアリング調査からも，「日本人の経営者・管理者とのコミュニケーションギャップ」があることが指摘されている．「日本人の経営者・管理者・同僚と外国人材との間には，当然，異文化間のコミュニケーションギャップが存在し，異なる言語間の細かいニュアンスの違いもあり，コミュニケーションについて困った」という声が多く聞かれた．

　このような「コミュニケーションギャップ」を埋めるのにはどうすれば良いのであろうか．

　宮城・中井［2017］の研究では，理系のベトナム人留学生を事例として，外国人材の日本企業への就職を「異文化適応」としてとらえ，外国人材が積極的に異文化適応し，相互の気遣いや共感をおこなうことの大切さを強調している．宮城・中井［2017］は，日本企業において，この気遣いや共感は，暗示的・消極的におこなわれており，この気遣いや共感が大切であることを留学生側も，企業側も認識する重要性を指摘している．

　日本の中小企業においても，外国人材が異文化適応をおこないやすい環境づくり（雰囲気づくりなど）をおこなうと同時に，外国人材に対しても，日本の中小企業の従業員全体に関しても，気遣い・共感の重要性を教えることが大切であろう．私のヒアリング調査においても，勤務する同僚や上司の気遣いや共感に助けられたと感じる外国人材の答えがみられている．

　次に，日本の中小企業の外国人材への福利厚生面のサポートについて論じることにしたい．

　住宅面に関しては，外国人向けの賃貸不動産サイト[4)]が生まれ，これまでのような住宅面の賃貸サポートの必要性が低下し，私のヒアリング調査では，本人の母国への帰国費用や家族の呼び寄せ費用への金銭的サポートを希望する声が聞かれた．

　また，女性の外国人材の場合，出産・育児の問題があり，日本の育児施設の

未整備とあいまって，中国人女性の場合，出産のために帰国をしたり，中国から親を呼びよせて出産・育児のサポートを共同でおこなうなどの独自の苦労があることがわかった．鈴木［2017］では，日本企業につとめる外国人女性が，強い就業継続意識を有しているにも関わらず，出産・育児などのライフイベントが，日本人女性以上に厳しい現実を明らかにしている．この，鈴木［2017］の調査では，就業継続の意思があるにもかかわらず，ベトナム人女性が出産のために，日本企業を離職して，母国に帰国した点を言及している．

　このような女性の外国人材への育児・出産面での独自の福利厚生の側面など共に，外国人材の家族へのサポートは，日本の中小企業においても外国人材の定着化をすすめる上で大切な事柄である．日本の中小企業の場合，経営者と従業員の距離がちかいだけに，外国人材ならではの悩みなどに対して，経営者として相談にのることで信頼関係を深め，定着をはかることができる．私のヒアリング調査では，外国人材の「子供のいじめ」に対して，経営者に相談にのってもらい，子供の担当教員とどのように話したらよいかなどのアドバイスをしたりしてもらって上手くゆき，経営者への信頼がとても深まったとの答えがあった．

5．中小企業の外国人材の採用・活用の事例調査

　次に，中小企業の外国人材の採用・活用について，具体的な中小企業の事例について，私のヒアリング調査からみることにしたい．採用事例としては，3つのタイプの中小企業の事例を紹介している．3つのタイプとは，① 外国人技能実習生の受け入れから海外展開し，優秀海外人材の受け入れの事例，② 外国人技能実習生の受け入れから優秀な外国人材の採用・活用の事例である．

1）外国人技能実習生の受け入れから海外展開し，優秀海外人材の受け入れの事例 ―株式会社理化工業の事例――

　株式会社理化工業（大阪府八尾市：社長　森嶋勲　従業員数69名，非正規社員19名）では，ベトナム人技能実習生とタイ現地法人からの大学卒スタッフを研修目的で積極的に受け入れ，ロースキルとハイスキルの外国人材の活用をあわせておこなっている．

　ベトナム人技能実習生に関しては，十数年前より受け入れをおこなっている．

理化工業では，当初 2 名受け入れ，その後 1 名の受け入れとなり，3 年前（2015年）よりコンスタントに 2 名の受け入れをおこなっている．日本人の若者より熱心かつ勤勉に働いてくれており，3 年のみの活用を念頭においているものの 3 年目にはベトナムに帰国されると困るという事態ともなっている．

ベトナム人外国人技能実習生の活用は，コストのみから考えると日本人の新卒者と変わらないが，3 年間夜勤まで引き受けてくれる人材としてはありがたい存在となっている．ベトナム人技能実習生も，賃金アップともなるので積極的に夜勤を担当してくれている．彼らは日本に来て日本の働き方を学びたいという気持ちを強くもっており，個人面談をとおしてそれを知ることができた．同社では，ベトナム人技能実習生には，日本人と同じような処遇をおこなうこと，毎年の昇給をおこなうことなどの工夫をおこなっている．

同社では，まずベトナム人技能実習生の受け入れを通して，国際人材の活用や海外への抵抗感が低くなり，2014（平成24）年からタイ企業と合弁でタイでの工場展開をおこなっている．タイでの展開は，現地企業とともに，タイで展開する日系企業からの仕事を受託し，年々業績を拡大し，2018年には黒字化を達成している．タイの従業員数は，80名を超えている．

同社では，まずタイの大学の日本語学科を卒業したタイ人女性 1 名を現地法人で雇用し，その後，日本で 2 年間の研修をおこなっている．その後，タイ工場の品質管理サブマネジャーを担当するタイ人女性 1 名に関しても日本で 2 年間の研修をおこなっている．

同社では，① ベトナム人技能実習生の受け入れ→② タイでの合弁による海外展開→③ タイ人スタッフの来日・研修と段階的に発展させることを通して，海外人材と日本人従業員の国際交流とダイバシティマネジメントの高度化を図っている．近年では，日本人の障碍者雇用も同社では取り組んでいる．

同社では，海外人材の活用において各国の文化的特性を配慮して指導をおこなっている．例えばタイ人材に注意をおこなう際は，人前でおこなわず，必ず一対一でおこなうなどの注意を図っている．このような諸点は，タイでの工場展開を通して，ノウハウを蓄積している．

同社は，日本の中小企業でありながら，ベトナム，タイ，日本といった 3 つの文化の融合地である．日本人社長や従業員も積極的に，ベトナム，タイを訪問するなどして，それぞれの国の文化や雇用慣行，人々の考え方を理解するように努めている．同社社長の森嶋勲氏は，「従業員は，武器ではなく，パートナー

である.」と言い切っている.

2）外国人技能実習生の受け入れから優秀な外国人材の採用・活用の事例
――株式会社仁張工作所の事例――

株式会社仁張工作所（大阪府東大阪市：社長　仁張正之　従業員数111名，内パート15名）では，2003年からベトナム人技能実習生を毎年2名受け入れており，2018年度で15期の受け入れをおこなった．2003年の受け入れ段階では，社長は受け入れに積極的であったが，管理職は反対であった．しかし実際にベトナム人技能実習生を受け入れてみると，熱心かつ勤勉な取り組みを全社員がみて，その翌年から同社の管理職も受け入れ賛成に転じることとなった．初めてベトナム人技能実習生を受け入れる際には，技能実習生の日本語能力を上げることが肝要として，社員が技能実習生の日本語習得をサポートし，それにベトナム人技能実習生が真面目に取り組んだ姿勢にも好感がもたれた．

まずは，溶接担当として毎年2人の受け入れをおこなうことで，技能実習生の受け入れ期間が3年であるため，3年で計6人のベトナム人技能実習生が同社で働くこととなった．これによって，先輩のベトナム人技能実習生が，後輩のベトナム人技能実習生を教えるというプラスの循環が生まれることとなった．

同社では，ベトナム人技能実習生に対して，当初から単なる労働力とみなさず，溶接の技能と日本語能力を身につけてもらうことによって，ベトナム帰国後に"日本で技能実習したこと"が役に立つように育成をおこなっており，それが同社のベトナムにおける評価ともなり，毎年同社への希望者が生まれることとなっている．2015年からは，溶接担当に加えて塗装担当のベトナム人技能実習生1名も受け入れることにした．そして塗装担当も3年の受け入れによって先輩・後輩による教育指導体制を確立している．

同社では，年2，3回はベトナム人技能実習生に大阪の観光地や文化を感じてもらうような福利厚生を実施しており，このような取り組みも，ベトナム人技能実習生から評価されるポイントとなっている．お正月には，奈良県橿原神宮初詣なども日本を知る機会として提供をおこなっている．

同社の外国人労働者の活用の大きな特徴は，ベトナム人技能実習生にとどまらず，ベトナムに直接おもむき，3 D-CADを用いた開発設計担当者としてハノイ工科大学卒のベトナム人技術者の直接雇用もおこなっている点である．現

在は4名の大学卒技術者を雇用するに至っており，ベトナム人技能実習生と共に，ベトナム人技術者が同社の大きな戦力となっている．ベトナム人技能実習生の受け入れを通してベトナム人材への従業員全体の抵抗感を無くし，かつベトナム人材への文化的・社会的理解を深めた後，ハイスキルなベトナム人材の直接雇用に挑むという人事戦略であるといえよう．

　当初，ベトナムで採用した技術者は，日本語がまったくしゃべれなかったが，ベトナムの日本語研修機関とタイアップして，約3カ月の日本語研修を経て来日し，同社で働くこととなった．入社当初は，日本人技術者と身振り手振りと英語での会話でのスタートであった．その後，同社には，ベトナム人材の他社からの転職が続き，現在の4名体制となっている．いずれもベトナムの理系の大学卒の優秀な人材であり，同社のコア人材となっている．

　日本におけるベトナム人社会は，SNSを活用した高密度情報社会であり，彼らの中小企業の評価が優秀な人材を集められるかを決める．同社では，直接雇用のベトナム人に日本人とまったく同じ処遇をおこなっている．そして，日本人従業員と共に，ベトナム人技能実習生も含めて，全額会社負担の社員旅行，焼肉パーティ，おでんパーティ，ボーリング大会と魅力的な福利厚生を提供し，同社の評価を高めている．

3）株式会社中央電機計器製作所の事例

　株式会社中央電機計器製作所（以下，同社と略する）は，1930年に創業され，現会長が2代目で，2012年に就任した社長は3代目にあたる創業87年におよぶ歴史のある企業である．同社は中国，韓国，台湾，フィリピンなどのアジア全般，ポーランドなどヨーロッパ各国とのグローバル取引をおこなってきている．総従業員数は43名（外国人3名，女性13名）となっている．43名のうち外国人が5名，女性が18名である．

　同社は，米国人，中国人，スイス人，韓国人，タイ人などの留学生を次々と採用し，海外営業のブリッジ人材として積極的に活用してきたことで有名な大阪府下の中小企業である．また同社は，外国人人材のみならず，女性社員の活用にも積極的に取り組み，従業員の3割以上が女性であり，育児休暇等の制度を完備し，外国人材にも，女性従業員にも積極的な社員教育をおこなっている．

　大企業志向が強い留学生にあって，同社が優秀な外国人留学生を採用することができている理由は，大企業と異なる方法での人材獲得方法がある．現会長

が社長時代から積極的に公的機関や大学等と多数のネットワークを形成し，多数の講演・大学での講師・ゲストスピーカーなどをこなし，自らが広告塔となって広く社会的PRに努めてきた．こうした点が特色ある魅力的な中小企業として大学教員や学生に認識され，優秀な留学生をはじめ，優れた日本人学生も集めることとなっている．この点は，私のヒアリング調査からも，前章で述べたように，日本の中小企業が優秀な日本人材のみならず，外国人材を獲得するのに，経営者のネットワーク形成と自らを広告塔となるPR・宣伝活動が重要な理由である．また，同社は，合同企業説明会においても，当初より経営者みずからがおもむき，単に会社説明におわることなく，日本人学生のみならず，外国人留学生が興味をもって楽しめる話題を提供し，現在では国籍・性別を問わない同社の取り組みが評判をよびブースにたくさんの学生が押し寄せるようになっている．そして，同社では，外国人留学生向けのインターンシップも積極的におこなっている．

　外国人材へのキャリア開発・能力開発では，一般的なOJT，OFF-JTに加え，会長の妻が，日本語や日本の文化・マナーなどの教育を担当すると同時に，自宅で日本人，外国人社員の別なくホームパーティを実施して，日本の中小企業ならではのアットホームな温かみのあるコミュニケーションを展開している．また，女子社員だけのケーキの会やワインの会など，様々な外国人材女性のみならず日本人女性社員も含むコミュニケーションをおこなう場をつくりだすことで，外国人材の女性社員が，同社に溶け込める工夫をおこなっている．結婚・家事分担・出産・育児等々の悩みを抱えるであろう女性社員間のコミュニケーションの促進をはかるユニークな取り組みはダイバーシティ（多様性）促進時代において注目に値するものであろう．

　報酬管理の人事管理についても工夫をおこない，人事評価の際，使用してきた「スキルシート」を代替わり後，現・社長が充実させ，国籍，性別，在籍年数に関係なく，能力と成果を公正に評価できる制度に変更を行っている．この点は，会長が，外国人材活用の基礎をつくり，跡取りである社長（長男）が外国人材活用の発展を図っており，模範的な事業継承スタイルといえよう．また同社では昇進に関しても，帰化した元中国人女性社員を育児休暇後，係長への昇進をおこない，外国人・女性という壁を越えての昇進をはかっている．また，女性社員3名を主任に登用している．

　同社の外国人材の家族へのサポートは，会長夫妻が「日本の父・母」と思っ

てもらえるように接している点がある．外国人社員が会長もしくは社長と共に母国への出張の際は，一緒に親元を訪問したり，反対に，外国人社員の家族が日本に来る際には必ず面会をするようにして，経営者と外国人材が「家族ぐるみ」のつきあいをおこなうことで，外国人材の家族からの信頼をえている．

　このような外国人材への積極的な採用・活用・定着化とあいまって，同社の経常利益は順調な伸びをみせている．同社へのヒアリングを通して実感したことは，日本の中小企業における外国人材の採用・活用・定着化の大きな推進力となるのは，経営者の「人間力」であるという点である．ここでいう「人間力」とは抽象的な言葉であるが，コミュニケーション力，自己開示力，アピール力，企画力，行動力などの総合的なコンピテンシーの力であるが，それを経験としてつみ重ねることを通して身につけてゆくことが求められているといえよう．

6．小　結

　本章では，まず，『中小企業白書』などの調査を通して，①輸出，②直接投資（中小企業が出資して，海外に法人を設立するタイプ）と③インバウンドと呼ばれる日本を訪れる外国人向けのサービスや製品を販売する国際展開が日本の中小企業で拡大していることに論究した．そして，日本の中小企業においても，グローバル人材としての外国人材の獲得が求められるようになった反面，それがまだまだ進んでいない実態についても指摘をおこなった．また，本章では，先行調査・研究をもとに，日本の中小企業がグローバル人材としての外国人材の獲得・活用実績に乏しく，かつ外国人留学生をはじめとした外国人材が大企業志向であり，外国人材と日本企業の間にキャリア開発を含むギャップがそもそもあり，日本の中小企業が，どのように外国人材の採用・雇用・キャリア開発・定着化をすすめていいのかが，わかっていない点に由来する可能性があることも指摘をおこなった．そして，優秀な日本人のみならず優秀な外国人材を獲得するために，どのようにすれば採用・雇用・キャリア開発・定着化をはかることができるかについて論究をおこなった．

　その論究の中で，元留学生から日本の中小企業に就職した外国人材のヒアリング調査を通して，外国人留学をはじめとして優秀な外国人材を獲得するために，採用をどうすれば良いのかについて分析したが，本章の「まとめ」として，あえて下記に列挙しておきたい．

第1に日本企業に好イメージを有しながら就職を強く希望しない留学生に対して，日本の中小企業に就職を希望するようにしていくためには，行政（国・県・市・町・村など）や大学・中小企業諸団体（商工会議所，経団連，中小企業中央会，中小企業家同友会など）等が仲介役となり，中・長期のインターンシップをおこない，日本の中小企業に就職するメリットや日本の中小企業へのイメージの向上をはかることが重要である．

　第2に，中小企業の人材採用戦略における大きな強みは，経営者（社長・会長・所長など）の顔が見え，直接，当初から接することができることにある．それだけに，経営者が広告塔となり，講演会や様々なメディアに登場し，さらには，就職合同説明会にすすんで参加し，優秀な人材獲得につとめることが大切である．

　第3に，ヒアリング調査によると，2017年現在の為替との関係で見れば，ベトナムと日本の給与水準（円ベース）でみれば，日本のほうが3倍以上の月収・年収を獲得できるためベトナム人留学生にとって，日本の中小企業は魅力的である．したがって，ベトナム人の優秀な理系外国人材を日本の中小企業が採用できるチャンスがある．しかし，中国の都市部（北京など）沿岸部（上海等）の発展した都市の給与は，日本の給与に迫っており，日本での就職は魅力的ではなくなっているとの指摘も，ヒアリング調査で聞かれた．

　また，本章では，日本の中小企業が，外国人材へのキャリア・能力開発・報酬管理・配置・福利厚生をどうすれば良いのかについても分析をおこなったので，下記に列挙しておきたい．

　第1に，元留学生から日本の中小企業に就職した外国人材のヒアリング調査からも，キャリア開発・能力開発をその中小企業が重視・努力しておこなってくれるかが，その後の定着期間を決める要因となるとの答えが聞かれた．キャリア開発・能力開発としては，① 外国人材に対する日本語・日本的ビジネスマナー・日本文化の理解といったものと② 会計・経理，国際貿易実務，マーケティングといった専門性を高める能力開発がある．

　第2に，外国人材の雇用において大切なことは，報酬管理が公正かつ適正におこなわれることである．元留学生から日本の中小企業に就職した外国人材のヒアリング調査からも，報酬管理の公正性・適正性への不満が聞かれた．したがって，日本の中小企業においても，経営者がぶれない評価基準をつくり，外国人材から賃金について聞かれても客観的かつ納得性をもって説明できるよう

にしていくことが，外国人材の信頼を勝ち取り，定着化をはかる基本であるといえよう．

　第 3 に，日本の中小企業の外国人材への福利厚生面のサポートに関しては，本人の母国への帰国費用や家族の呼び寄せ費用への金銭的サポートや女性の外国人材への育児・出産面での独自の福利厚生の側面など共に，外国人の家族へのサポートは，外国人材の定着化をすすめる上で，大切な事柄である．

　本章では，更に，上記のような諸点をどのように取り組めばよいのかという点について，具体的かつ模範的な企業事例として，中央電気計機器製作所の取り組みを紹介することで，日本の中小企業の外国人材の採用・活用・定着化への示唆をおこなうことができた．

　以上のように，先行調査・研究の検討をもとに，中小企業勤務の外国人材へのヒアリング調査と関西の中小企業の事例調査を中心として分析をおこなってきた．最後に，日本の中小企業における高度な外国人材の活用をすすめてゆくための政策的課題について論究しておきたい．

　いまだ高度な外国人を雇用したことがない日本の中小企業にとって，ハードルとなるのが，在留資格の申請手続きや資格変更手続きである．良い外国人留学生を獲得できても，在留資格の変更が認可されなければ雇用することができず，中小企業側にとっても大きな損失となるが，留学生サイドも母国への帰国を余儀なくされることとなる．もちろん，厳格な法運用の問題や中小企業の実質的な雇用できる能力や実態等の問題もあろうが，高度な外国人材を雇用経験のない日本の中小企業への就労促進をするためには，在留資格の申請手続きや資格変更手続きの簡素化等の検討が，今後，必要であろう．

　あと，女性外国人材の妊娠・育児のための両親の呼び寄せ問題がある．高度外国人材では，両親の呼び寄せも可能となっているが，レベルが高すぎる高度外国人材のポイント制度［高宅 2016］を，実態にあわせて引き下げる検討をおこなうことも必要であろう．

注
　1 ）　日本の中小企業の国際化に関する学術的分析課題に関しては，関［2015：161-75］を参照．
　2 ）　経済産業委員会調査室 柿沼重志・東田慎平「中小企業の海外展開の現状と今後の課題——TPP を通じた「新輸出大国」の実現に向けて——」（http://www.sangiin.go.jp/

japanese/annai/chousa/rippou_chousa/backnumber/2016pdf/20160307027.pdf, 2017
年 8 月 4 日閲覧).

3） 2015年から2017年にかけて12名（男性 5 名・女性 7 名：ベトナム人 2 名・中国人10名：
20歳代から30歳代）の日本の中小企業に就職した外国人元留学生に対してあらかじめ
質問表を送付し，返答を得たうえで，面談調査をおこなうという形での半構造化調査
法に基づくヒアリング調査を実施した．ここでの中小企業の定義は，日本の中小企業
庁の定義による）

4） たとえば，大手のCHINTAIが，外人向けの不動産サイトを運営している（https://
www.chintai.net/feature/foreigner/, 2017年 8 月15日閲覧）.

5） 中央電機計器製作所の事例調査の記述に関しては，2017年 7 月に，会長・社長に対
してのヒアリングを実施した．本論文の記述に関しては，ヒアリングとともに，経済
産業省［2015］，『経済人』（2014年 6 月号）を参照した.

元留学生で日本の中小企業に就職した外国人材への質問調査表

1．インターンシップは経験しましたか？
2．インターンシップを経験した場合，そのインターンシップが，その後の就職に繋がりましたか？
3．あなたとは，当初，日本の企業の就職において大企業志向でしたか？それとも中小企業志向でしたか？
4．あなたは，当初は，大企業志向でしたか，中小企業志向でしたか？
5．大企業に就職活動をして無理であった後，どのようなプロセスで中小企業の採用試験を受けましたか？
6．あなたが日本の中小企業への入社を決めた要因は何ですが？
7．あなたが日本の中小企業への入社を決めた際，日本人経営者のコミュニケーションを重視しましたか？
8．あなたは，日本の中小企業においてどのようなキャリア開発・能力開発を受けましたか？あなたは，キャリア開発・能力開発を重視しますか？重視しませんか？
9．報酬・賃金管理についてなにか不満がありますか？
10．コミュニケーションについて困ったことはありますか？
11．会社の雰囲気はどうでしたか？
12．会社の同僚や上司の外国人材への気遣いや様々な場面での共感がありましたか？　それについてどう感じましたか？
13．会社の福利厚生への希望として何かありますか？
14．会社の経営者・上司・同僚に対して家族についての相談などをしましたか？
15．会社に対してどのような家族へのサポートを望みますか？

企業への質問調査表

1．あなたの企業の概況についてお教えください．
2．現在の外国人人材の活用状況についてお教えください．
3．これまでの外国人材の採用実績はどうですか？
4．外国人材の採用をしようとした理由は何ですか？
5．あなたの会社での定着率はどうですか？
6．あなたの会社では，外国人材をどのように配置していますか？
7．あなたの会社の外国人人材の採用活動についてお教えください．
8．あなたの会社の外国人材の採用活動の方法を教えてください．
9．あなたの会社では，外国人人材向けのインターンシップをおこなっていますか？
10．あなたの会社での外国人材の採用の方法はどのようなものですか？
11．あなたの会社での外国人材の採用のポイントはなにですか？
12．あなたの会社での採用での経営者の取り組みをおしえてください．
13．外国人人材の定着に向けての工夫をしていますか？その工夫とはどのようなものですか？
14．あなたの会社での外国人材とのコミュニケーションの工夫をおしえてください．
15．あなたの会社での外国人材向けの福利厚生・家族サポートがあればおしえてください．
16．あなたの会社での外国人材のキャリア開発・能力開発についておしえてください．
17．あなたの会社の報酬管理についておしえてください．

IT外国人材の日本のIT中小企業への採用・キャリア開発・評価・報酬制度の課題・可能性と問題点

1．IT外国人材の誘致・就労の背景と課題

　本章の研究テーマは，「IT外国人材の日本のIT中小企業への誘致・就労の課題・可能性と問題点」であるが，その社会背景・問題意識としては，下記の2点がある．

　第1に，日本政府が，2020年まで情報通信業に従事する高度IT外国人材（先端的IT外国人材）の海外からの受け入れを約6万人とする数値目標を掲げており，その対応が政策的にも求められている点，第2に，前述してきたように，第4次産業革命の推進やICTを核としたイノベーションを日本でおこなうためには，優秀かつ多様な価値観や見方をおこなうIT人材を中心とした外国人材の積極的な受入れが必要であるが，知名度の少ない日本のIT中小企業（スタートアップ企業，ベンチャー企業，中堅IT企業）がどのような採用活動を行い，定着のためにキャリア開発・人事査定・報酬管理をすれば良いのかが社会的に大きな問題になっている．これらの2つの問題意識，社会背景は，社会の実践的課題にこたえるといったものである．そして，第3には，高度人材の国際労働移動が各国・各企業の国際獲得競争（Talent for War）の中で行われおり，世界から日本の中小企業へのIT外国人材の移動をとおして，その実態の一端の解明をおこないたいという学術的問題意識にある．この点は，高度人材の移動が，「制御された移動」であるのか，もしくは，「自由な移動」であるのかという論点の実態解明をおこなうという関心である．「制御された移動」とは，個人が労働市場を介して「自由に移動する」ことに対して，社会的な構造の中で，人の国際的な移動が，制御された移動となることを意味している．

　本章の研究目的は，世界から日本へのIT外国人材の国際移動を分析すると同時に，日本のIT中小企業がIT人材を獲得するための採用管理方法・募集方法や採用後の定着を図るための最適な人材開発，評価制度，賃金管理などの人事諸制度を解明することにある．

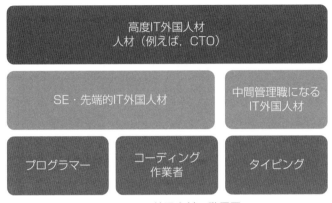

図6-1　IT外国人材の階層図

出所）筆者作成.

　本章においてIT外国人材は，経営を担えるような高度IT外国人材（例えば
CTO：チーフテクノロジーオフィサー）や部課長級の管理職，SEを担えるミドルIT
外国人材やコーディングやプログラム作成からタイピングに至るロースキルの
IT外国人材まで様々な層を包括する概念として用いている（図6-1）．このIT
外国人材の多様性こそが，外国人IT人材の募集・採用・活用政策における多
様なあり方を生んでいるともいえる．
　まず次節では，日本への送り出し関係を基軸にして，世界各国におけるIT
外国人材の出入国の実態についてみることにしたい．

2．世界各国におけるIT人材の送り出し国の諸政策

　次に，世界各国のIT人材の送り出し国の実態についてみることにしたい．
本節では，IT人材の日本への送り出し国となっている韓国・インド・ベトナ
ムの動向をみることにしたい．[1]

（1）韓国
　韓国の総人口は，2018年1月で5163万人であり，総人口は2035年まで増加す
るが，若年生産年齢人口は1990年から減少しており，高齢化率が高まりつつあ
る．

　韓国は，ICT（国際通信電機連合）の指標からみても，2012年・2013年・2015年・2016年が第1位であり，2014年・2017年が第2位というトップレベルのICT大国である[2]．韓国でICT分野に就労する労働者数は年々増加しており，2017年に95万8141人となっている．ソフトウェア開発製造業では2017年に27万9570人に及んでいる．

　1997年のアジア通貨危機以降，韓国では若年層の国内就職難が顕在化し，1998年以降，韓国政府主導で，若年層の海外就職支援を展開している．現在の文在寅政権も，歴代政権の海外就職支援政策を継続している．2013年からスタートした海外就労支援の一本化を図った「K-MOVE　事業」を発展させ，「韓日つなぎ目プロジェクト」を発表し，2017年から5年間で，日本への就職1万人を目指すプロジェクトをスタートさせている．「K-MOVE　事業」とは，海外就職，海外インターンシップ，海外ボランティア，海外起業を一本化したものである．この中でも，韓国政府は海外就職支援に力を入れている．この海外就職支援事業では，「K-MOVEスクール」を中心に展開している．2017年度予算で，269億ウォン，2018年度予算で247億ウォンの予算を組んでいる．「K-MOVEスクール」は海外就職をするにあたって，外国語や職務能力の足りない若者に対して研修機会を提供している［ジェトロソウル事務所 2018］．

　韓国では若いIT人材の積極的な送り出しに取り組んでおり，若いIT人材を受け入れたい日本にとっては，相互関係となっている．韓国では，「K-MOVEスクール」のみならず，① 国内国外の民間就職斡旋企業が就職先を斡旋した場合にも，求職支援手数料を斡旋企業に支給したり，② 海外就職に成功した若者に，定着費用を支援したりしている［ジェトロソウル事務所 2018］．

（2）インド

　インドの総人口は，2018年の国連推計で13憶5405万人となっている．年齢階級別構成をみると，富士山型の構成をとっており，今後の経済成長が期待できる国となっている．また，2012年の就業構成（3億8322万人）をみると，全就業人口の47%にあたる1億8000万人が農業・林業及び漁業であり，情報通信産業はわずか0.4%，320万人であり，今後，従事者が伸びることが期待できる産業分野となっている．その後，2016年には，情報通信産業の従事者数は370万人となっており，2019年には，約60万人から70万人の増加が推定されている[3]．

　インドでは，高等教育進学率が年々増加している．2011年時点で22.9%であっ

89

た高等教育進学率は，2016年には26.9％となっている．インドにおける高等教育進学者は，2017年で3664万人であり，そのうち79.19％は，大学への進学である[4]．

　そしてインドでは，2016年から2019年にかけて，IT人材が需要が供給を上回っている．かつインドのIT分野の平均賃金は，年8％から9％の増加がみられるが，ビックデータ等の分析をおこなうデータサイエンティストでも，世界平均の7万ドルから8万ドルに比して，インドでは平均5万ドルと低い．

　インドの日本語学習者は，2015年で2万4000人であり，人口10万人あたり2人と少ない．海外における日本語学習者数としては，世界の中でインドは12位である．またインドでの日本語能力検定試験でみると，2018年1回で1万人を超えているものの，その受験者が，日本語能力検定（JILPT）N5であり，インドにおける日本語学習者の相対的レベルは低いものであるといえる[5]．

（3）ベトナム

　ベトナムの総人口は，2015年で9375万人であり，2050年まで緩やかに増加を遂げることが推計されているが，その反面，生産年齢人口は2015年以降，緩やかに減少している．すなわち，ベトナムでは2020年以降，高齢化率が，急激に上昇することとなる[6]．

　ベトナムの就業人口の構造では，2019年，単純作業の従事者数が全体の38％を占め，次に，サービス・販売従事者数が16.6％を占めている．産業別従事者数でみると，2016年，農業・林業および漁業者数が41.9％（2231万4000人）を占め，ついで製造企業が16.7％（888万3000人）となっている．そのような産業従事者数の中で，情報通信産業の従事者数は，2016年で0.6％（32万5000人）となっている．情報通信産業の平均賃金は増加傾向にあると同時に，その平均賃金は，全産業平均よりも高いものとなっている[7]．

　ベトナムの高等教育への進学率は，2005年の16％から，2016年には28.3％まで上昇している．また，ベトナムの日本語学習者数は，2015年で6万5000人であり，学習者数の増加率は，2012年に比して38.7％の増加となっている．ベトナムにおける日本語能力試験受験者数は，2018年3万3989人であり，N1からN3が過半数を超えている．

　ベトナムは，1980年代以降，国家政策として積極的に労働者の海外送り出し政策をおこなってきている[8]．

　次に，日本への送り出し国の日本語の学習状況を整理して，分析してみることにしたい．

（4）日本への送り出し国の日本語学習状況

　日本への送り出し国の概況について紹介してきたが，IT外国人材の日本企業の採用の可否は，日本語学習状況のレベルが大きく関わっている．そこで，今一度，日本への送り出し国の日本語学習状況を整理して，分析してみることにしたい（表6-1）．

　中国は，日本語学習者・教育機関数・教員数とも中国，韓国，ベトナム，インドの4カ国の中で最も多い．中国では，ITスキルと日本語の学習を同時に行う大学もあり，中国現地の在中日系情報システム企業の人材確保にも貢献している．

　韓国は，前述したようなK-MOVEといった送り出し政策を積極的に展開しており，IT人材の主要供給地の1つであると位置づけられる．朝鮮語と日本語は文法的にも類似し，韓国人材の日本語習熟レベルは早いという指摘もある．

　ベトナムは，IT人材を含む様々なレベルの外国人材の日本への大きな供給地となっている．中国，韓国といった漢字圏に比して，日本語学習の習熟は厳しいと考えられるが，近年，日本語学習者，教育機関は増加傾向にある．

表6-1　送出国の日本語学習状況

中国	日本語学習者・教育機関数・教員数ともに調査対象の4カ国の中で最も多く，学習者数は2015年時点で9万5000人程度，教育機関数は2100程度に達している．
韓国	中国，インドネシアに次ぐ3番目に位置付いており，人口10万人あたりの学習者数はオーストラリアに次ぐ2番目．
ベトナム	近年，日本語学習者，教育機関数が増加傾向にあり，2015年時点でも世界で8番目．学習者数の増加率はミャンマーに次ぎ2番目の高さ． 教育機関別でみると，いわゆる人材の育成・斡旋を行う送出し機関での日本語学習が5割を超える点が特徴といえる
インド	上記3カ国と比較とすると，日本語学習者数・教育機関数ともに数は限られているのが実態である．インドからのIT人材を呼び込むことを企図するならば，事前の日本語学習か，英語等の日本語を用いない就労環境の準備が必要になることが窺われる．

参考）送出国の日本語学習状況（諸外国文献調査より）．
出所）厚生労働省委託調査「高度IT外国人材に対するマッチング支援の在り方の検討（外国人雇用対策に関する実態調査）：三菱UFJリサーチ＆コンサルティング株式会社担当（2018年実施：2019年4月公表）」より．

インドは，IT外国人材の世界的な供給地であるが，日本語教育は他の国々と比して進んでおらず，表6-1の指摘の如く，「インドからのIT人材を『日本へ』呼び込むことを企図するならば，事前の日本語学習か，英語等の日本語を用いない就労環境の準備が必要になる」といえよう．

3. 日本におけるIT外国人材の実態

日本のIT人材は，2015年で91万8921人であり，既に2015年次点で，IT人材一般で17万人が不足している．今後も，クラウド，ビッグデータ，IoT，人工知能や情報セキュリティなどの先端IT技術の開発を担う先端的なIT人材が，特に不足することが予測されている．日本の先端IT人材は，2016年時点で約9.7万人であり，2016年段階でその不足数は約1.5万人となっている．2016年時点の推計で，2020年までに，先端IT人材数は，12.9万人で，その不足数が約6万人にまで拡大すると予想されてきた．その不足数は，IT外国人材で埋めようというのが，政府と日本の経済団体の要望であった．

次に，海外から日本にきて就労しているIT外国人材の実態について簡単に紹介しておきたい．

2012年から2014年の段階では，「専門的・技術的分野の在留資格」として，「技術」という項目があり，2012年が3万189人，2013年に3万9244人，2014年に4万3948人となっている．この技術ビザを取得した外国人材には，IT人材が集中していた．2015年以降は，「技術」の項目がなくなるため，IT外国人材の数は把握しにくくなっている．

日本における「情報通信業」の外国人数の推移を見ると，2014年に，2万1905人，2015年に，2万5504人，2016年には，3万887人と，2014年から2016年の推移だけをみても，情報通信産業の外国人材は41％増加している．2018年10月末の「外国人雇用状況」の雇用届け状況まとめでは，情報通信産業は，2016年よりさらに増加して5万7620人に及んでいる．

またベトナムでは，日本にマッチしたIT人材育成を図る機関も生まれてきている．

例えば，日経産業新聞の記事では，「ベトナムのITサービス最大手『FPTソフトウェア』が2018年までに1万人のブリッジSEを新たに育成する計画を持っ

ている．（現在700人程度）．ブリッジSE 1 人がベトナムで15人程度の技術者を管理出来るので，計画通りに育成出来れば，2018年には日本から15万人分の仕事を受ける事が可能であると2016年段階ではしている．同社では，IT人材を育成するための専門大学『FPT大学』を運営し，日本の基本技術者試験相当のITPEC試験合格と日本語の履修を進級条件に設定するなど，日本のIT市場を意識した人材育成を行っている.[12]」と指摘している．果たして，どれだけ日本のIT市場を意識した人材が育成できているかが問題である．

4．日本のIT外国人材の受け入れ等に関する先行研究の検討

　夏目編［2010］では，21世紀初頭から日本政府のICT人材の育成政策を検討し，ICT戦略が国家戦略として位置づけられながらも，質量ともに日本において，高度ICT人材が長年不足してきたことを明らかにしている．夏目編［2010］では，「（日本）政府のICT戦略が重要性を増していることは，日本だけでなく，諸外国においても同様に見ることができる．そこでの指摘では，情報通信分野が経済成長に果たす役割に着目し，新しい国家戦略を策定する動きが強まっているのである.」［夏目編 2010：81］となっている．

　しかし，日本におけるIT人材の人材不足は，21世紀初頭から指摘されてきた．夏目編［2010］では，不足の理由として，ICTサービス企業がこれまで国内偏重のビジネス展開をしてきたことと，日本のICTサービス産業において中小企業が多く，人材不足の状況にあり続けたことをあげている．このようなIT技術者の不足を埋めるために，日本政府をあげて高度IT外国人材の受け入れをおこなうと同時に，日本のIT企業では，海外でのオフショアリングを中国等で展開をおこなってきた．

　特に，2000年代初頭から中期にかけて，宣たちの研究［2014］では，韓国においておこったIMF危機以降の韓国国内の労働市場構造の変化，韓国政府の若年者海外就労支援，韓国と日本のIT業界内の業務連携関係の蓄積などを背景として，韓国人IT技術者が日本のベンダーと呼ばれるIT大企業の重層構造的な下請けの駐日韓国系IT企業に就労する形で，大量に，韓国から日本へ国際的移動をおこなっていることを明らかにしている［宣・松下・倉田・津崎 2014：132-48］．

　宣たちの研究［2014］においても，韓国のIT人材が日本に就労する場合には，

3つのルートがあることを指摘している．第1は，日本企業が，日本語等の韓国の民間教育機関に出向いて，面接・選抜をおこなうルートであり，第2は，韓国の教育機関と提携・連携・協力して，募集活動をおこなっている日本の人材派遣会社に登録して日本のIT企業で就労するルートである．そして，第3のルートが，韓国人のIT技術者が在日韓国系IT企業に就労することである．第1のルートは，日本企業の面接官が面接するため高い日本語能力等が求められることとなり，第2の派遣会社を経ての日本企業就労は，労働条件の面で有利とはならない．そのため，第3のルートが韓国人IT技術者にとっては，日本語能力が低くてもITスキルが高ければ有利な労働条件で就労できるという点では，他の2つのルートより選好されたとしている．

　宣たちの研究［2014］は，IT人材の日本中小IT企業への流入を分析する時，その母国（ここでは韓国）系IT中小企業での採用・育成・定着を分析することが大切であることを示唆してくれるものである．宣たちの研究［2014］では，在日韓国系企業を事例として，在日韓国系企業C社が，日本の重層構造的な下請け構造の中で，元請けに近い大企業を顧客として安定的な地位を築きながら，韓国系IT技術者の韓国からの採用・育成をおこなってきたことを明らかにしている．

　また，安里らの研究［2011］では，日本のIT産業が重層構造的な下請け関係にあることを指摘した上で，外国人留学生の場合，新卒採用という形態で日本の上位国立大学大学院で理系修士号や博士号を取得した場合，重層構造的に上位の大企業に正規従業員として雇用されていると指摘している．そして，安里らの研究［2011］では，日本の大学・大学院の新卒でもなく，日本国内の職歴もないIT外国人技術者が日本国内で就職することが困難であることが指摘されている．そのようなIT外国人技術者は，人材紹介登録会社を介して就職するか，ネットワークを介して代表が自分と同じ国籍の代表の会社に就職するかにあるとしている．

　そして，安里らの研究［2011］では，IT外国人技術者にとって日本に行くことは魅力的でないと指摘している．それは，① 日本のIT産業が世界的な水準で低いこと，② 日本のIT産業が，世界の基準と異なる文化で動いていること，③ 外国人の関われる業務に制限があることなどを指摘している．

　そこで，日本の企業のIT外国人材へのニーズと日本にいる外国人材が入職にあたって知りたい職業情報について，私が座長を務めた厚生労働省委託調査

「高度IT外国人材に対するマッチング支援の在り方の検討（外国人雇用対策に関する実態調査）：三菱UFJリサーチ＆コンサルティング株式会社担当（2018年実施：2019年4月公表）」［2018］からみることにしたい．

5．「高度IT外国人材に対するマッチング支援についての調査」の紹介・検討

　厚生労働省委託調査「高度IT外国人材に対するマッチング支援の在り方の検討（外国人雇用対策に関する実態調査）：三菱UFJリサーチ＆コンサルティング株式会社担当（2018年実施：2019年4月公表）」では，企業アンケート調査と外国人材WEB調査をおこなった．本調査は，前述してきたように筆者が，調査設計段階から関与している．

　企業アンケートでは，2018年に規模と業種で層化し4000社を抽出し，郵送調査で676社の回収（回収率16.9％）をおこない，うちIT人材の採用ニーズがある会社が323社（48.4％）あり，海外IT人材の採用に関心がある会社が26％であった．そのうち，海外IT人材の採用に関心がある企業84社中，主な業種が情報通信業（以下，IT業）である企業が約7割を占めているものの，製造業（18.1％）など非IT業も約3割を占めている．このことは，海外IT人材への採用関心が，非情報通信業の製造業にも広がりつつあることを示している．この結果からも，日本企業において，IT外国人材へのニーズが確かにあることが確認できる．

　企業アンケート調査によれば，「海外IT人材の採用に関心がある企業」の92.9％，「支援があれば採用したい企業」の90.9％は海外IT人材の採用経験をもっており，海外採用に関心のある企業はこれまでの経験企業であることをしめしている．とはいえ，残り約1割は採用経験を有していないとしており，挑戦的に海外IT人材採用に意欲を示す企業もあらわれはじめている．そして，「（支援がなくても海外IT人材について）採用に関心がある」企業は，海外IT人材がすでにいる企業により多いことを示している．そして，「支援があれば採用したい」という企業では，海外IT人材が「過去にいたが今はいない」という，海外IT人材を定着させられなかった企業の割合が高くなっている点も特徴的である（図6-2）．

　本調査では，幅広い分野の日本企業において，海外IT人材に対する採用ニーズが広がりつつある反面，これまでに採用経験がなかったり，採用したことはあるが定着していないなど，海外IT人材の採用・活用ノウハウや知識が不足

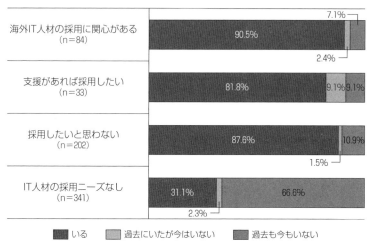

図6-2　海外IT人材の採用意欲

出所）厚生労働省委託調査「高度IT外国人材に対するマッチング支援の在り方の検討（外国人雇用
　　　対策に関する実態調査）：三菱UFJリサーチ＆コンサルティング株式会社担当（2018年実施：
　　　2019年4月公表）」より.

している企業も，今日，海外IT人材の採用に関心を持つようになっている実態が明らかにされている.

　また，海外IT人材を活用していく上での課題としては，海外IT人材が実際にいる日本の企業では「日本語能力」が最も大きな課題とされている. これに対して，採用できていない企業では「募集・採用方法が分からない」ことが，過去にいたが今はいない企業では「定着率が低い」ことが，最も大きな課題として挙げられている（表6-2）.

　次に，本調査における「日本にいる高度IT外国人材に対するWEB調査結果」について紹介・検討をおこなうことにしたい.

　本WEB調査では，回答者（n＝400名）の大半（99.5％）が，「入社を決定する前に，（もっと）知っておきたかった情報」が，「ある」と指摘している（図6-3）. その具体的な内容としては，「職務内容（15.3％）」「会社のビジネス内容・社会的な意義（13.0％）」「職位・役職（11.8％）」となっている.

　高度IT外国人材が，知りたい情報は，①アメリカ，カナダ，中国，欧州など様々な国から日本を選ぶ段階での情報と②日本で就職することを選び，より具体的な企業単位での求人段階での2段階の情報があると考えられる.

表6-2　海外のIT人材の採用経験別海外IT人材を活用していく上での課題
　　　　【企業アンケート調査】

	最も大きな課題（SA）	課題（上位3つ）
海外IT人材がいる	日本語能力	① 日本語能力　② 日本人社員とのコミュニケーション　③ 定着率
採用できていない	募集・採用方法不明	① 日本語能力，日本人社員とのコミュニケーション，受入体制
過去にいた	定着率が低い	① 定着率　② 日本語能力，日本人社員とのコミュニケーション
採用するつもりなし	社内の受入体制	① 受入体制　② 日本人社員とのコミュニケーション　③ 日本語能力
わからない	募集・採用方法不明	① 処遇や人事管理方法　② 募集採用方法，日本語，コミュニケーション

出所）厚生労働省委託調査「高度IT外国人材に対するマッチング支援の在り方の検討（外国人雇用対策に関する実態調査）：三菱UFJリサーチ＆コンサルティング株式会社担当（2018年実施：2019年4月公表）」.

　前節で紹介した安里らの研究［2011］では，IT外国人技術者が日本に行くことが魅力的でないとするならば，まず，アメリカ，カナダ，中国，欧州など様々な国から日本を選んでもらうような国家政策的な高度IT外国人材の誘導策が必要となっている．

　海外から高度IT外国人材を採用したい企業は，当該人材の求職活動の各段階において必要な情報を，それぞれの段階において適切な方法で提供することが必要となる．

　本調査の外国人材WEB調査結果では，日本で最初にIT職として就労した際の日本語レベルは，N2レベル以上が53.5％と半数以上をしめているもののN3レベル以下の割合も46.5％と約半数近くを占めている（図6-4）．このことは，日本語レベルがN3といった高くないレベルであっても日本の企業に就労できるという状況がある反面，日本での就労継続の促進といった面では，日本語レベル強化に注力する必要があることも示している．

　日本語のレベルについて，日本語能力試験の各レベルが示す程度は図表のようになっており，日本で就労継続してもらうためには，N1レベルの取得を奨励すべきである．そうでないと，社内での仕事では問題がなくとも，日本語表示が多い日常生活をすごすうえで不便を感じることにもなり，結果として帰国

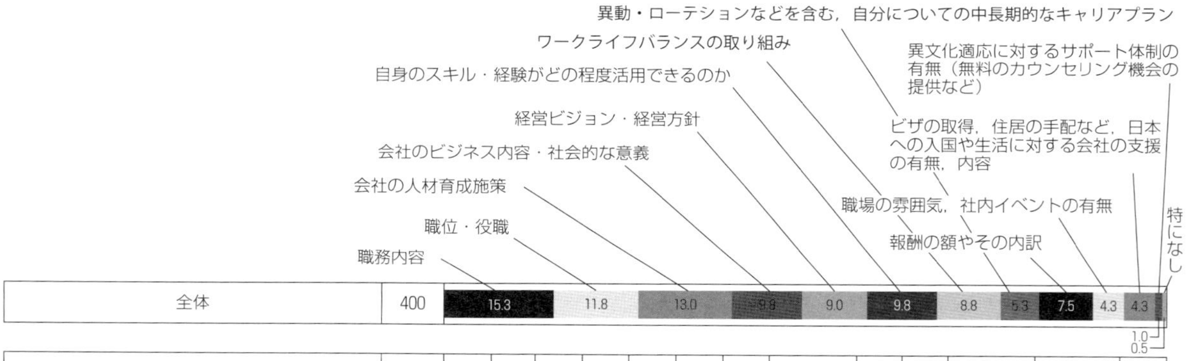

図 6 - 3　入社を決定する前に（もっと）知っておきたかった情報（1位）【IT人材WEB調査】

(n=400)

	該当数	職務内容	職位・役職	会社の人材育成施策	経営ビジョン・経営方針	会社のビジネス内容・社会的な意義	自身のスキル・経験がどの程度活用できるのか	異動・ローテーションなどを含む、自分についての中長期的なキャリアプラン	ワークライフバランスの取り組み	報酬の額やその内訳	職場の雰囲気、社内イベントの有無	ビザの取得、住居の手配など、日本への入国や生活に対する会社の支援の有無、内容	異文化への適応に対するサポート体制の有無（無料のカウンセリング機会の提供など）	特になし
全体	400	15.3	11.8	13.0	9.8	9.8	9.0	9.8	8.8	7.5	5.3	4.3	1.0	0.5

出所）厚生労働省委託調査「高度IT外国人材に対するマッチング支援の在り方の検討（外国人雇用対策に関する実態調査）（2018年実施）」（外国人雇用対策に関する実態調査）：三菱UFJリサーチ＆コンサルティング株式会社担当（2019年4月公表）].

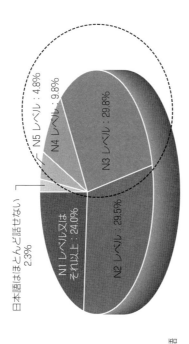

N5 レベル：4.8%
N4 レベル：9.8%
N3 レベル：29.8%
N2 レベル：29.5%
N1 レベル又はそれ以上：24.0%
日本語はほとんど話せない 2.3%

日本語はほとんど話せない

N5 レベル：基本的な日本語をある程度
理解することができる

N4 レベル：基本的な日本語を理解する
ことができる

N3 レベル：日常的な場面で使われる日本語を
ある程度理解することができる

N2 レベル：日常的な場面で使われる日本語の理解に
加え、より幅広い場面で使われる日本語
を理解することができる

N1 レベル又はそれ以上：幅広い場面で使われる日本語
を理解することができる

図6-4　設問「日本で最初にIT職として就労したときのことについてお聞きします。就労当初のご自身の日本語レベルをご回答ください。」の回答状況

出所）厚生労働省委託調査「高度IT外国人材に対するマッチング支援の在り方の検討（外国人雇用対策に関する方の実態調査）：三菱UFJリサーチ＆コンサルティング株式会社担当（2018年実施（2018年実施）、2019年4月公表）」。

の道を早くに選択するようになるからである.

　本調査において,企業アンケート調査,海外人材WEB調査のいずれもが示すように,外国人労働者が日本で就労する際に課題となるのが日本語のレベルであり,低いレベルで入職した場合にはそのレベルをあげる必要がある.本調査でも示されているように日本語学習の状況は送出国ごとにそれぞれ日本語学習のおかれた状況が異なっている.

　前述した本調査の企業アンケート調査結果では,採用時におけるIT外国人材に求めるITスキルと日本語レベル（採用時）は以下（表6-3,6-4,図6-5）のようであり,ITスキルはL2,L3が中心であり,日本語レベルとしては可能であればN2以上といったものであった.ただし,実際の海外IT人材が日本で就労する場合,それぞれの個別企業において求めるITスキルも日本語能力も異なっており,それぞれの受け入れ先のIT企業において,ITスキルアップ,日本語能力学習のためのキャリア開発プランを設計し,おこなうことが重要である（表6-5）.

6. IT外国人材採用・育成・定着をはかるIT中小企業調査

「高度外国人材活躍企業50社 経済産業省貿易経済協力局」にみる諸実態

　次に,経済産業省の「高度外国人材活躍企業50社」からIT外国人材の日本の中小企業の活用ケースについて紹介・分析することにしたい.[13]

　1社目は,ケービーソフトウェア株式会社（ソフトウェア開発）である.同社（本社所在地：長崎県長崎市）はソフトウエア開発の企業であり,中国・ベトナムに進出を検討しており,そのブリッジ人材として,外国人社員を採用している.外国人社員は,同社で海外事業部門の管理職として登用され,コンピュータープログラミング,システム開発,工程管理,品質管理,海外向けの企画・営業を担当など様々な業務を担当している.

　中国人社員は,中国の海外展開の中心人物となり,外国人社員のロールモデル的役割を果たしている.IT外国人材の活用によって,海外売上高が,増加している.

　2社目は,株式会社OCC（所在地：沖縄県）である.同社は,先端技術開発とミャンマー進出準備のために,地元大学からミャンマー人女性の留学生を採用している.同社は昭和41（1966）年10月に,沖縄において,「株式会社沖縄電子計算センター」の名称で設立され,昭和61（1986）年に社名を株式会社OCCへ変更

表6-3 （参考）日本語のレベルについて

レベル	認定の目安
N1	幅広い場面で使われる日本語を理解することができる 読む：・幅広い話題について書かれた新聞の論説，評論など，論理的にやや複雑な文章や抽象度の高い文章などを読んで，文章の構成や内容を理解することができる． ・様々な話題の内容に深みのある読み物を読んで，話の流れや詳細な表現意図を理解することができる． 書く：・幅広い場面において自然なスピードの，まとまりのある会話やニュース，講義を聞いて，話の流や内容，登場人物の関係や内容の論理構成などを詳細に理解したり，要旨を把握したりすることができる．
N2	日常的な場面で使われる日本語の理解に加え，より幅広い場面で使われる日本語をある程度理解することができる 読む：・幅広い話題について書かれた新聞や雑誌の記事・解説，平易な評論など，論旨が明快な文章を読んで文章の内容を理解することができる． ・一般的な話題に関する読み物を読んで，話の流れや表現意図を理解することができる． 書く：・日常的な場面に加えて幅広い場面で，自然に近いスピードの，まとまりのある会話やニュースを聞いて，話の流れや内容，登場人物の関係を理解したり，要旨を把握したりすることができる．
N3	日常的な場面で使われる日本語をある程度理解することができる 読む：・日常的な話題について書かれた具体的な内容を表わす文章を，読んで理解することができる． ・新聞の見出しなどから情報の概要をつかむことができる． ・日常的な場面で目にする難易度がやや高い文章は，言い換え表現が与えられれば，要旨を理解することができる． 書く：・日常的な場面で，やや自然に近いスピードのまとまりのある会話を聞いて，話の具体的な内容を登場人物の関係などとあわせてほぼ理解できる．
N4	基本的な日本語を理解することができる 読む：・基本的な語彙や漢字を使って書かれた日常生活の中でも身近な話題の文章を，読んで理解することができる． 書く：・日常的な場面で，ややゆっくりと話される会話であれば，内容がほぼ理解できる．
N5	基本的な日本語をある程度理解することができる ・読む：ひらがなやカタカナ，日常生活で用いられる基本的な漢字で書かれた定型的な語句や文，文章を読んで理解することができる． ・書く：教室や，身のまわりなど，日常生活の中でもよく出会う場面で，ゆっくり話される短かい会話であれば，必要な情報を聞き取ることができる．

高 ← → 低

出所）厚生労働省委託調査「高度IT外国人材に対するマッチング支援の在り方（の検討（外国人雇用対策に関する実態調査）：三菱UFJリサーチ＆コンサルティング株式会社担当（2018年実施：2019年4月公表）」.

表6-4　海外IT人材に求める能力（採用時）

※ITスキルはL2・L3が中心，英語ができても日本語力（N2以上）を求める傾向
・ITスキル（Q13）（MA，n=110）
　：「レベル2」60.0%，「レベル3」60.9%，「レベル4」38.2%
・日本語レベル（Q14）（n=113）
　：「N2レベル」34.5%，「N3レベル」27.4%，
・「英語ができても日本語力は求める」87.6%（Q15）（n=113）
・英語レベル（Q15-1）（N，n=90）
　：「英語力は求めない」36.7%，「470点以上730点未満」45.6%，「730点以上」17.8%
・期待する役割（Q16）（MA，n=111）
　：「現場の人手不足感の緩和」　　46.8%
　「海外との橋渡し役」　　34.2%
　「海外人材だからと特別に期待する事項はない」26.1%

出所）厚生労働省委託調査「高度IT外国人材に対するマッチング支援の在り方の検討（外国人雇用
　　　対策に関する実態調査）：三菱UFJリサーチ＆コンサルティング株式会社担当（2018年実施：
　　　2019年4月公表）」.

（達成度）　低 ◀――――――――――――――――――――――――――▶ 高

レベル	レベル1	レベル2	レベル3	レベル4	レベル5	レベル6	レベル7
価値創造への貢献	業務上の課題の発見，解決が出来る（活用）				ビジネス，テクノロジ，メソドロジをリードする（創出）		
	指導の下に実施		業務を実施	業務範囲（プロジェクト）内をリード	社内に貢献	業界に貢献	業界をリード
							市場への影響力がある
						市場で認知される	
					社内で認知される		
要求作業の達成				指導できる			
			独力で全てできる				
		一定程度であれば独力でできる					
	指導の下でできる						
評価範囲						業界の成員としての成果	
				組織の成員としての成果			
評価対象			個人としての成果				

図6-5　（参考）ITスキルのレベルについて

出所）独立行政法人情報処理推進機構・経済産業省「ITスキル標準Ver3 2011」.

表6-5　IT外国人材のレベル1～5

レベル1～3＝チームメンバーレベル
レベル1：「専門職種を意識することなく，上司の指導の下に担当作業を実施する」人材
レベル2：「チームメンバーとして，上司の指導の下に担当作業にかかる技術を理解し，作業の一部を独力でできる」人材
レベル3：「チームメンバーとして与えられた業務を独力で遂行できる「実務能力」を有する」人材
レベル4＝チームリーダーレベル，プロフェッショナル
レベル5～＝チームの責任者

出所）厚生労働省委託調査「高度IT外国人材に対するマッチング支援の在り方の検討（外国人雇用対策に関する実態調査）：三菱UFJリサーチ＆コンサルティング株式会社担当（2018年実施：2019年4月公表）」．

している．また同社は，沖縄県内の自治体・民間企業のみならず，香港・インドネシアまで，ソフトウェアの開発を含む「コンピュータサービス」を提供している．そして，同社は，設立当初から2019年には，620名まで拡大している[14]．

2017年9月には，同社はミャンマー人留学生採用を梃子としてミャンマー連邦共和国のヤンゴン市において，ソフトウェア開発を含む「コンピュータサービス」をおこなう同社の100％出資現地法人「Myanmar OCC（ミャンマーオーシーシー）」を設立している[15]．

3社目の株式会社モンスター・ラボ（本社所在地：東京都渋谷区）は，サービス開発事業・音楽事業・ゲーム事業をおこなっている．2018年の従業員数は，160名であり，IT外国人材40名が在籍している．同社のIT外国人材としては，東京オフィスだけでも，中国，韓国，ベトナム，アメリカ，イギリスなどの多様な人材が在籍している．

同社の海外拠点としては，オーフス拠点（デンマーク），アムステルダム拠点（オランダ），バンコク拠点（タイ），ベルリン拠点（ドイツ），セブ拠点（フィリピン），成都拠点（中国），コペンハーゲン拠点（デンマーク），ダナン拠点（ベトナム），ダッカ拠点（バングラデシュ）ドバイ拠点（ドバイ首長国），ハノイ拠点（ベトナム），ロンドン拠点（イギリス），マニラ開発拠点（フィリピン），ニューヨーク拠点（アメリカ合衆国），プラハ拠点（チェコ），青島拠点（中国），上海拠点（中国），シンガポール拠点（シンガポール）など多岐に及んでいる．モンスターラボでは，13カ国，23拠点でグローバル展開しており，1000名の従業員を雇用している．

それだけに外国人IT人材の活用では，最新のコミュニケーションツールを活用すると同時に，イスラム教徒用のハラール対応やお祈りの場所を設けるな

どの宗教・文化に対する対応をおこなっている.

Monstar Labの名称は,「怪物：Monster」から派生したものではなく,フランス語の「私の」を意味するMonと英語の「星」を意味するStarを合成した私の星」という意味の「和製語」である. この和製造語が示すように,この会社では,各個人々の考えや在り方へのリスペクトが,とても大切にされている. この会社のミッションの1つである「多様性を活かす仕組みを創る」における多様性とは,どのような国籍やバックグランドを有していても一人一人が自分の頭で考え,意見を持ち,それを大切にすることとしている[16).

4社目は,株式会社システムフレンド（本社所在地：広島県広島市佐伯区）で,ソフトウェアの受託開発,医療機器の製造・販売をおこなっている. 従業員数は32名で,外国IT人材の採用実績は5名である.

システムフレンドでも,海外展開を念頭において,海外IT人材の採用をおこなってきている. 同社は,ソフトウェア開発企業と出発し,PC用プログラムの開発などを中心に経営展開をおこなってきたが,2012年,医療機関からの要望を機に,リハビリ分野での支援機器を開発している.

また,同社は,経済産業省による地域経済牽引事業の担い手としての地域の中核企業「地域未来牽引企業」として,2017年に選定されている.

7. オリジナルヒアリング調査
――ITベンチャー企業のIT外国人材の採用・活用――

筆者独自のヒアリング調査からITベンチャー企業のIT外国人材の採用・活用について,紹介することにしたい. 紹介する企業は,HENNGE株式会社（法人向けSaaSサービスの提供,本社：東京・渋谷）である.

HENNGEは,1996年に創業された会社で,ベンチャー企業のイメージが社風から強いが,20年以上の社歴を有する企業である. 社員数も約130名程度存在し,中小企業というより中堅企業ともいえよう.

同社の外国人材採用は,とてもユニークで参考になるものである. 採用募集は,ITトップ大学のWEBサイトに掲載したり,海外大学の就職活動イベントへの直接乗り込みをおこなっている. 人事採用担当としてインドネシア人女性を登用し,彼女を中心としたチームが採用を世界展開している.

海外大学の就職活動イベントで関心を抱いてくれたIT外国人材に対しては,日本での6週間から8週間のインターンシップを呼びかけ,希望する人材には,

IT関連能力をはかるコーディングテストに加え，レジュメとカバーレターおよびリモート面接を実施後，日本に招聘している．日本でのインターンシップの旅費，滞在費は，すべて同社が負担している．IT外国人材にとっては，同社の負担で日本，そしてインターンシップの地である渋谷を楽しめることに大きなメリットを感じている．例えば，欧米のIT外国人材にとっては，アニメなどを通して憧れる日本にゆくことが可能となるし，インドネシアなどでは，日本の豊かさへの憧れもある．同社ではこのインターンシップを通して，ITスキル，英語能力のみならず，日本的な「ヒト」型の働き方への適応をみて，採用の正否を決めている．そして，IT外国人材もインターンシップを通して，ともに働くIT外国人材の先輩社員などからも話を聞いて，同社に入るかを判断しているという．このインターンシップには，2018年には3000人もの最先端知識を有するIT外国人材の学生が応募している．

　このような特徴的なインターンシップを通して，同社は優れたIT外交人材を獲得しており，外国人材比率は21％であり，5人に1人が外国人材となっている．アメリカ，中国，タイなど20カ国近くに及んでいる．

　同社は，2014年から社内の英語化方針を発表し，2016年から英語公用語化を本格始動させている．2018年の同社のTOEIC平均は，700点となっている．この社内英語公用語化によって，英語でしか入手できない最新IT技術を原文で理解して，自社サービスに対応することや国籍をこえたIT開発をフラットな組織で展開できるなど様々な同社が抱えてきた壁をこえることができたという．またミスコミュニケーションも減ったという．

　英語公用語化とIT外国人材活用においての課題としてあったものは，就業規則などの会社ルールや，パワハラ防止研修コンテンツのバイリンガル対応があったという．日本企業の会社ルールは，やはり日本の雇用慣行や日本文化を反映しており，それを20カ国ほどの外国人材に理解できるようにすることは工夫がいったことが想定される．解決が難しそうな問題は，健康保険組合の情報などの社外から提供される福利厚生関連情報がすべてが日本語であり，今後，社外コンテンツを含めた英語対応を同様に進めて行くかの検討が必要となっている．

　社内の英語公用語化で，様々な国のIT外国人材にとって言語的不自由さはないが，会社をでると日本はまだまだ日本語表記が多く，日本語ができないと生活が不自由であるため，無料で日本語講師を呼んだり，英語で話せる産業医

と契約している.

　また引き抜かれないように，シリコンバレーの相場とあまりにかけ離れない報酬額を考慮し，満足をえている．IT外国人材に対しては，日本的に様々な仕事を体験してもらうことで，母国のJOB型の働き方では得られない満足をえてもらえるように工夫している.

　また，ラーニングに関しては，日本人社員の英語公用語化の促進のために，英語学習を積極的に推進している.

　同社では，開発はオープンソースでフラットな組織で，上下の関係もなく展開している．それだけに，IT外国人材からマネジメントをしたいと思う人が出現しにくい点も課題である．対照的にセールスは，数字を達成するためにも，お客様のニーズを充足するといった仕事の最適化の意味でも，ピラミッド組織になりやすい傾向がある.

　次に，IT外国人材等の優秀な外国人材を仲介する日本の大手仲介企業やIT外国人材等採用プラットフォームを提供する日本企業への筆者オリジナルなヒアリング調査を紹介することにしたい.

8．IT外国人材等の採用プラットフォーム提供企業へのヒアリング調査
──韓国において韓国人学生採用プラットフォームを提供する日本企業の紹介・分析──

　本節ではまず，IT外国人材等の優秀な外国人材と日本企業を仲介する日本の人材企業について，紹介・分析をおこなうことにしたい.[17]

　日本大手人材仲介企業では，多くの現地人材に対して海外就職を斡旋する現地企業と組み，優秀な外国人材を求める日本企業を海外につれてゆき，海外で大手仲介企業の斡旋で，それら日本企業が外国人材の面接をおこない採用を決定するというスタイルをとっている．日本の大手人材仲介企業は，一人あたりの就職内定につき，成功報酬を受け取るというスタイルをとっている．そのため，大手の人材仲介企業ではできるだけ多くの優秀な海外人材が日本企業と面接をおこない,内定する人数を多くすることに注力することとなる．その結果,海外における日本企業のジョブフェアなどの告知やPRや面接会場の確保など，海外人材を集めることと，外国人材を求める日本企業を集めることに注力し，パイを大きくすることで獲得する成功報酬を大きくする傾向がある．この傾向はIT外国人材の場合も同様であり，IT外国人材は，エンジニアなどよりも成功報酬が高い傾向となっている．ここでの問題点は,優秀な外国人材に対して，

日本の就職スタイルや日本のビジネスマナー等の特殊性を教えることなく，マッチング数をあげて内定数をあげることを目指すため，日本での入社後，トラブルが生じやすいことが想定される．

　この問題点を克服するために，個別の日本企業が対応しようとしても，海外において企業知名度の低い大企業・中堅企業やベンチャー企業などは，人材仲介企業に依存せざるをえないということとなっている．

　そこで本節では，そのような問題点を独自のビジネスモデルで克服し，新たな韓国人学生採用プラットフォームを提供している関西発ベンチャー企業である株式会社ビーウェルの事例を，筆者のオリジナル調査から紹介・分析をおこなうことにしたい．

　株式会社ビーウェルは，大阪を拠点に，大学生向けのマーケティング・プロモーション事業や就活スクールを展開してきたが，2017年から試行的に，韓国において優秀な韓国人材採用プラットフォーム事業（図6-6）を展開し，2019年から本格化させている．具体的には，100％子会社である現地法人の株式会社ビーウェルコリアを設立している．

　株式会社ビーウェルでは，韓国において，日本企業への就職を希望する学生や転職希望者のための就活フリースペース（日本就職スクール「KOREC」）を展開し，定期的に日本企業への就職講座を展開することで，日本企業にマッチした面接対策，エントリーシート指導，自己分析からキャリアプラン，業界理解などの指導をおこない，韓国人の優秀な人材と日本企業とのミスマッチ防止と内定率向上を図っている点が大きな特徴である．また，日本企業で働いている先輩社員講演会などのキャリア支援講座も提供している．

　2018年から2019年にかけて，株式会社ビーウェルでは，「学生40名から50名，企業5から6社」の小規模モデルとして，毎月，就活イベントを韓国で開催している．この就活イベントでは，「会社説明→座談会→面接→懇談会」を1日完結型のイベントでおこない，優秀な韓国人材と日本企業の相互理解を促進し，相互のより丁寧な了解の上での内定を大切にしている．特に，イベントの夜には，食事会を催し，韓国人材と日本企業サイドのフランクな交流を図っている点も大きな特徴である．また，同イベントに参加する日本企業には，必ず採用決定権を持つ社長・役員のイベント参加を促しており，この点も1日完結型イベントで内定まですすめる秘訣でもある．

　韓国では，前述したようにK-MOVEといった送り出し政策によって，仲介

図6-6　株式会社ビーウェルの優秀な韓国人材採用プラットフォーム事業
出所）筆者作成.

企業にも助成金が支払われると同時に，韓国の就職率は公表67％と就職氷河期ともいえる．そのような背景もあり，株式会社ビーウェルのイベント参加学生のレベルは，日本語能力検定N２以上が97.5％，TOEIC800点以上が61.5％となっている．

　株式会社ビーウェルでは，IT人材を含む優秀な韓国人材と日本の大企業・中小企業・ベンチャー企業のマッチングを積極的に図ることで，ハイスペックな人材の確保，グローバル化への対応，異なった視点から発想できる人材層の拡充など日本企業の「内なる国際化」をすすめている．

　同社の１日完結型イベントで，参加企業は３名から４名程度の内定者を獲得している．日本に比して，韓国の同社のイベントでは理系人材が多いことも特徴である．韓国の国内の就活の特徴でもあるが，スペックの高い一部の優秀な学生のみが，大企業に就職できる特徴があり，日本の就活のように，その潜在能力に目を向けて採用するスタイルをとっていない．それだけに，韓国国内には，IT高度外国人材をはじめ優れた顕在・潜在能力を有する人材が多数眠っており，人材危機時代の日本企業にとっては重要な労働市場であるといえよう．

9．小　結

　以上のように，本章では高度IT外国人材の受け入れ実態とその経緯，背景などについてみることができた．

　本章では先行研究から，日本の情報産業が日本的な重層構造的な下請け構造によって形成され，プログラミングそのものまで「日本化」されている点を指摘した．日本の情報産業の重層構造的な下請け構造の中に韓国系企業が参入し，そこで韓国のIT人材が層として就労している点やそのような下請け構造の中

に，韓国のIT人材が組み込まれている点もみてきた．このような日本の情報産業構造的な問題を有しながらも，ICT先進国となり「選ばれる国」となり，かつ，ソサエティ5.0など日本の国策を実現するためにも，積極的にIT外国人材の受け入れ，情報基盤ネットワークの更なる高度化が必要である．

　今後の更なる期待としては，そのような日本独特な重層的下請け構造とは異なる世界（特に，アメリカ）の情報産業に繋がる新興系情報ベンチャー企業が積極的に経営展開し，世界でも最先端の外国人IT人材を日本に集めることにある．

　そこで，本章の最後として，本章の研究目的である「世界からの日本へのIT外国人材の国際移動を分析すると同時に，日本のIT中小企業がIT人材を獲得するための採用管理方法・募集方法や採用後の定着を図るための最適な人材開発，評価制度，賃金管理などの人事諸制度」とは何かについて論じることにしたい．

　まず，海外IT人材を獲得するための募集・採用方法としては，日本的な求人票的な募集要項ではなく，欧米的な職務記述書を作成し，提示をおこなうことが重要である．職務記述書における内容としては，職務内容，処遇，勤務時間となるが，提示すべき事柄としては，スキルアップ，キャリアパス，福利厚生制度の内容，住宅の確保・サポート状況などを提示することが大切である．

　また，海外IT人材の求職マッチングの方法としては，日本の大学のキャリアセンターへのアプローチ，海外ジョブフェアへの参加，そして，海外IT人材を獲得できる自社（英語等）HPのたちあげなどがある．

　そして，海外IT人材へのキャリア開発・スキルアップとしては，IT外国人材の日本語能力アップのための様々な支援が必要である．個人指導型の日本語能力開発をおこなうなどの工夫がそれにあたる．

　また，海外IT人材の定着をおこなうためには，ダイバシティ環境が必要である．IT外国人材と日本人社員との積極的な職務を通しての交流は，日本人社員にとって，海外業務と様々な面での外国人への心理的な障壁を減少させ，その企業の海外展開・海外事業拡大の基礎を形成するものである．

　評価・登用制度としては，国籍に関係のないだれもが納得できる評価制度の構築がある．そのうえで，採用したIT外国人材を客観的に評価し，その評価を公開し，管理職に登用してゆくことも大切なポイントとなる．特に，そのIT外国人材の母国に事業展開をおこなう際には，ブリッジ人材として活躍が

期待できる．また，管理職に登用された海外IT人材は，その後，入社してくるロールモデルとして人材の募集・定着においても活躍が期待できる．

福利厚生制度としては，お祈りスペースの設置や社内イベントでのハラール対応など信仰や文化的背景を尊重することも重要である．

注
1） 本第3節の論述は，厚生労働省委託調査「高度IT外国人材に対するマッチング支援の在り方の検討（外国人雇用対策に関する実態調査）：三菱UFJリサーチ＆コンサルティング株式会社担当（2018年実施：2019年4月公表)」の諸外国文献調査資料に依拠している．
2） ITU, ICT Development INDEX2017.
3） United Nations, "World Prospects:The 2017 Revision".
4） UNESCO Institute for satistics, UIS.Stat,
5） 国際交流基金［2017］「日本語教育機関調査」より．
6） United Nations, "World Prospects:The 2017 Revision".
7） ILO, ILO STAT Databease（2019年1月参照).
8） 国際交流基金［2017］「日本語教育機関調査」より．
9） 経済産業省「IT人材の最新動向と将来推計に関する調査結果」平成28年6月10日（https://www.meti.go.jp/policy/it_policy/jinzai/27FY/ITjinzai_report_summary.pdf, 2019年7月2日閲覧).
10） 法務省・厚生労働省・経済産業省「高度外国人材の受入れ・就労状況」平成29年12月13日（https://www.kantei.go.jp/jp/singi/keizaisaisei/miraitoshikaigi/suishinkaigo2018/koyou/dai2/siryou4.pdf, 2018年8月28日閲覧).
11） 「外国人雇用状況の届け出状況まとめ」（平成30年10月末現在).
12） 『日経産業新聞』2014年11月13日．
13） 「高度外国人材活躍企業50社 経済産業省貿易経済協力局」（http://www.meti.go.jp/press/2018/05/20180525002/20180525002-1.pdf, 2019年5月13日閲覧).
14） 株式会社OCCホームページ（https://www.occ.co.jp/company.html, 2019年5月14日閲覧).
15） 株式会社OCCホームページ：（https://www.occ.co.jp/Home/backno.html?mode=0&classId=&blockId=110723&newsMode=article, 2019年5月14日閲覧).
16） https://monstar-lab.com/recruitment/recruit-culture/（2019年5月18日閲覧).
17） 本節に関しては，2019年8月7日のビーウェルの役員に対するヒアリング調査に基づき記述されている．

第 7 章

日本人海外留学生・留学経験者の 就職問題と日本企業の採用管理の諸課題

1. 日本人留学生の海外留学の減少問題

　日本人の海外留学状況を見ると，2004年をピークとして減少している．OECDやユネスコ統計局，中国教育部，台湾教育部などの統計をもとに，文部科学省が集計した「日本人の海外留学状況」（図7-1）をみると，留学者数は1986年（1万4297人）から右肩上がりに増えてきた．特に，過去において著しく増加したのは，1992年（3万9258人）から1993年（5万1295人）である．しかし，2004年（8万2945人）をピークに，日本人の留学者数は減少傾向が続いている．特に，2007年（7万5156人）から2008年（6万6833人）の間には，1年でおよそ1万人もの減少が見られ，2010年（5万8060人）は6万人台を割り込む結果となっている．

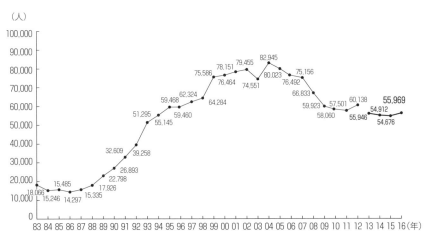

図7-1　OECDによる日本人の海外留学者数の推移

出所）文部科学省「外国人留学生在籍状況調査」及び「日本人の海外留学者数」等について（平成31年1月18日）（http://www.mext.go.jp/a_menu/koutou/ryugaku/__icsFiles/afieldfile/2019/01/18/1412692_1.pdf，2019年7月7日閲覧）.

日本人の海外留学生数の大幅な減少は，頭脳立国やグローバル社会の適応が迫られる日本にとって，大きな問題でもある．なぜなら，海外への留学者数は，国際的にも，その国の知的レベルやグローバル化の指標とされ，かつ今後，日本で求められる「グローバル人材」・「グローバル市民」の母体数にもなると考えられているからである．そのため，日本人の海外留学数の減少に対して，日本政府（安倍政権）は，2013年 6 月14日に発表した「日本再興戦略——JAPAN is BACK——」の中で，「世界に勝てる真のグローバル人材を育てるため，『教育再生実行会議』の提言を踏まえつつ，国際的な英語試験の活用，意欲と能力のある若者全員への留学機会の付与，及びグローバル化に対応した教育を牽引する学校群の形成を図ることにより，2020年までに日本人留学生を 6 万人（2010年）から12万人へ倍増させる」として，2020年に日本人留学生を倍増させることを政策目標に掲げている．

　また，日本経済団体連合会も2011年 6 月14日に，「グローバル人材の育成に向けた提言」をおこない，日本の「人材力」を強化し，技術力，イノベーション力を高めて，成長するアジア市場や新興国市場の需要を取り込んでいく必要性」から産業界と大学の連携を深め，大学と協力した「経団連グローバル人材育成スカラーシップ」の設置や留学帰国生を対象とした合同就職説明会・面接会開催への協力などを発表している．

　また，日本人学生の海外留学者数の変化では，国別の留学者数の変化もある．国別の変化をみると，2000年から2010年に至る変化では，アメリカへの一国傾向から中国への留学が大きな比重を占めるようになった点が図 7 - 2 からも理解できる．平成12年に，60.8％であったアメリカへの留学者数比率が，平成22年には36.7％と大きく減少している．反対に，中国への留学は，平成12年に18.1％であったものが，平成22年には28.9％まで増大している．これは，世界的な大きな政治・経済・社会の変化において，日本人学生の中国への関心の高まりを示している．また，アメリカへの留学生数の国別推移をみると，2001年から2010年に至る局面において，日本からの留学生数が減少し，中国からの留学生数が著しく増大している．また，2016年から2017年にかけても同様な傾向が見られ，アメリカ合衆国が減少し，やはり，中国，台湾，フィリピンなどの諸国への留学者数が増加している（表 7 - 1 ）．

　少子化，日本国内大学の増加，国内大学の国際化，家計の貧困化といった日本国内の環境変化による問題と、危険の増加・ビザの取得，イメージダウンな

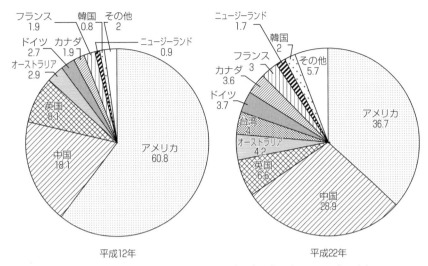

図 7 - 2　日本人の主な留学先の変化（平成12年から平成22年）

出所）文部科学省「日本人海外留学状況」平成12年，平成22年．

どの米国の環境変化といった留学先国の問題があげられている．ここで注目したいのは，「就職活動が前倒しになり，留学すると不利になる[5]」と「企業は留学体験を評価しなくなった」である．

　本章では，日本人の「グローバル人材（グローバルタレントを有する人材）[6]」と同時に，今後さらに求められる世界貢献を目指すNGO・NPO・国際機関等々で活躍できるグローバル市民の育成の課題との関連からも，この日本人留学生の減少問題の中から特に就職問題と企業の採用管理について論じ，考察をおこなうことにしたい．

　具体的には，本章では，日本企業の「グローバルタレントマネジメント」にマッチした「日本的なグローバル人材」やそもそも世界的な職務主義に適応し，国際認証を受けた大学・大学院を卒業・修了するグローバルスタンダードにマッチし，広く世界的な視野にたつ「グローバルシティズン[7]」に日本人の先進的な海外留学生・留学経験者がなり，グローバル化の進んだ日本企業に採用・就職され，国際競争力源泉となる人材になっていくためには，どうすれば良いのかという実践的課題について，筆者独自のヒアリング調査をもとに論じることにしたい．それと同時に，日本の巨大企業から中小企業，更にはNGO，NPO，

表 7-1　2017年度・2016年度の日本人の主な留学先・
　　　　留学生数

(人)

No.	国・地域	留学生数		前年度比増減	
		2016年度	2017年度	人数	増減率
1	アメリカ合衆国	20,214	19,527	△687	△3.4%
2	オーストラリア	9,485	9,879	394	4.2%
3	カナダ	8,908	9,440	532	6.0%
4	中国	5,787	7,144	1,357	23.4%
5	韓国	6,489	7,006	517	8.0%
6	イギリス	5,840	5,865	25	0.4%
7	台湾	4,238	5,187	949	22.4%
8	タイ	4,278	4,838	560	13.1%
9	フィリピン	3,213	3,700	487	15.2%
10	ドイツ	2,882	3,125	243	8.4%
―	その他	25,519	29,590	4,071	16.0%
	合計	96,853	105,301	8,448	8.7%

出所）日本学生支援機構「協定等に基づく日本人学生留学状況調査」
（https://www.jasso.go.jp/about/statistics/intl_student_s/
index.html, 2019年7月11日閲覧）および文部科学省「外国人留学
生在籍状況調査」及び「日本人の海外留学者数」等について平成31
年1月18日（http://www.mext.go.jp/a_menu/koutou/
ryugaku/__icsFiles/afieldfile/2019/01/18/1412692_1.pdf, 2019
年7月11日閲覧）より筆者作成.

公的機関が，日本人の海外留学者をその体験や能力を活かす形で広報・採用し
ていくためにはどのような採用管理をおこなえば良いのかという実践的経営課
題について分析をおこなうことにしたい.

　日本人留学生の減少問題からの脱却策を，日本人の海外留学生・留学経験者
の就職問題と企業のその採用管理に焦点を絞っておこなった研究は少ないが,[8]
日本人の「グローバル人材」の育成や毎年おこる日本人留学生の就職問題の解
決という点において，海外の日本人留学生の就職対策やそうした日本人海外留
学生の採用管理の問題は焦眉の課題であり，その点を分析し，その解決策を提
起する本研究は社会的に大きな意義があると認識している.

2．先行研究から見る日本人留学生の海外留学者数の減少理由とその後の対策

　まず，先行研究から2012年までの日本人海外留学者数の減少の理由・原因について見ることにしたい．

　大西［2008］は，留学生政策に関して，日本は海外からの受け入れに関する議論が中心で，日本人の海外留学促進策については，少なくとも国家戦略というレベルでは議論されてこなかった点を指摘し，海外から日本への「留学生受入れ10万人計画」が達成された2003年になって，ようやく中教審が「相互交流の重視」の提言をおこない，「送り出し（outbound）」に関する国家レベルの議論が遅まきながら始まったと批判している．そして，2007年になって日本政府の答申が相次いで発表され，そのどれもが短期留学の促進やダブルデイグリー制度の構築を唱えるなど，2003年答申を基本的に継承するものであったと論究している．2008年答申では，日本人の海外留学に関する記述の分量がさらに増え，このような社会的潮流の中，留学生教育学会を含む留学生関連諸団体は，当事者としてこの問題に取り組むべきであると主張している［大西 2008：2-5］．

　このような日本人の海外留学問題への関心が高まる中，太田［2012］は，日本人海外留学者数の減少の理由・原因として，① 就職活動の早期化と長期化（日本企業の新卒一括採用解禁時期の変動），② 学生の海外経験を評価しない雇用者，③ 単位互換性の未整備，④ 大学での国際教育交流プログラム開発の遅れ，⑤ 新TOEFL（TOEFL-iBT）の導入，⑥ 英語圏大学の学費高騰，⑦ 日本人学生のリスク回避志向，⑧ 日本人の海外留学への奨学金制度の少なさ，などがあげられている［太田2011：68-76］．2012年までの先行研究で批判された，③ 単位互換性の未整備，④ 大学での国際教育交流プログラム開発の遅れ，⑤ 新TOEFL（TOEFL-iBT）の導入などの日本の大学の制度的未整備は，その後，諸大学において，積極的に取り組まれ改善したといえる．しかし，① 就職活動の早期化と長期化の問題や，留学する日本人学生の就職対策問題やそうした人材をとりこぼしなく，かつ日本人学生のためにもなる採用管理を実践する日本企業の取り組みの問題は，いまだ，解決されたとは言えない．

　先行研究の中で，学生達が学生目線からまとめたユニークな研究としては，新宅・高畑・神田・弥津・藤森［2012］『日本人大学生の留学阻止苦心政策──若

者の消費性向』（ISFJ政策フォーラム2012発表論文）などがある．この論文では，日本人ライフスタイル（所得・投資消費傾向）の側面から日本人の海外留学者減少の要因を分析し，日本人大学生の留学を促進する政策を提言している．この研究では，日本人の海外留学者減少の主たる要因として，費用と語学力の問題をあげ，特に，費用の問題に着目している．そして，留学が「投資」である以上，それが回収することが必要であり，留学の特別価値を際立たせる必要があるとしている．すなわち，日本人の大学生にとって，留学で多額の費用を要したとしても，それが就職においていかに有利に働くのかという「特別価値」を持たせるかということになる．この研究では，政策提言として，留学をしたことを証明する「認証」だけでなく，その留学中の学業・活動・取り組みを評価した「成績表」を証明する「証書」を発行する「留学サーティフィケーション」の導入を提唱している．企業団体がこの「留学サーティフィケーション」制度のフォーマットを用意し，このフォーマットにもとづく，海外留学の「成績表」を重視して採用をおこなうことを提唱している．

　果たして，この研究で学生諸君が提唱している「留学サーティフィケーション」制度はいまだできていないが，「費用＝投資」の観点から「留学と就職」との関係の重要性に着目している点は，学生の本音の視点として評価したい．

　村上［2012］は，経済同友会「企業の採用と教育に関するアンケート調査」を分析し，企業が海外留学経験を評価していないわけではないが，企業サイドからの評価視点があり，海外留学と就職とが間接的に結びついており，海外留学経験が採用選考の際の評価に生かされると指摘している．その反面，村上［2012］は，文部科学省が2010年におこなった「学生の就職・採用活動に関する調査」では，1227校の短大・大學・高等専門高校の就職担当部門で「日本人の在学中の3カ月以上の海外留学を経験した学生に対して企業が選考に評価しているのか」という質問に対して，「わからない」が53.8％と多く，再調査の余地を残しているとも指摘している．

　村上［2012］の企業側の評価と大学就職担当部門の評価の乖離は，本章において論述するように，海外留学する日本人大学生が，その最も関心が高い帰国後の就職に向けて，いかに留学前，留学中，留学後に「就職」に備えて準備し活動をおこなうのかということによって，留学が就職に有利に働くのかという点に大きく変わってくると言える．

　また，村上［2011］では，日本人学生の海外派遣留学の促進をはかるために，

大学の就職支援部門ができることが何なのかを軸として，4大学の派遣留学の就職支援活動についてケーススタディを行っている．その調査結果として，村上［2011］は，支援の工夫や明確な周知，先輩の協力，派遣留学者の就職活動の時期に配慮した企業開拓等，大学側のおこなうべき支援項目を明らかにしている［村上2011：95-109］．村上［2011］は，大変興味深い研究ではあるが，大学・政府からの日本人の海外留学生の進路・就職支援の在り方を問う内容となっており，実際に就職をおこなう日本人の海外留学生・留学経験者の視点から描かれていないのが残念な点である．

3．日本人の海外留学の減少局面からの新転換

その後，2015年2月の文部科学省とOECD等の統計等の集計（表7-2，図7-3）によると，日本人の海外留学者数が2012年は6万138人に上り，2004年以来8年ぶりに増加したことが明らかになっている．しかし，2013年には再び5万5350人に減少している．ただ，2013年からOECD等の統計が，交換留学等の短期留学を含まずあくまでも海外の大学での学位取得を目的として滞在している日本人学生を対象とするように範囲を変更したことによる点も大きいため

表7-2　日本人の海外留学者数の変化

年	OECD等	JASSO（全体）	JASSO調査（うち6カ月以内）
2009	59923	24508	18232
2010	58060	23988	17390
2011	57501	28,804	22090
2012	60138	36656	29059
2013	55350	43009	34786
2014	54912	45,082	36098
2015	54676	52132	42458
2016	55969	54455	44410
2017		60810	49772

出所）文部科学省「外国人留学生在籍状況調査」及び「日本人海外留学者数」等について（平成31年1月18日）http://www.mext.go.jp/a_menu/koutou/ryougaku/ics_fieles/afieldlife/2019/01/18/1412692_1.pdf. 2019年7月7日より筆者作成.

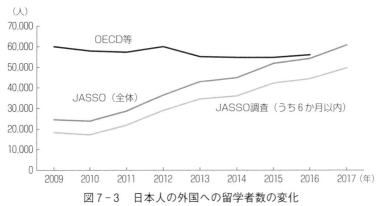

（人）

図7-3　日本人の外国への留学者数の変化

出所）文部科学省「外国人留学生在籍状況調査」及び「日本人の海外留学者数」等について（平成
31年1月18日）.（http://www.mext.go.jp/a_menu/koutou/ryugaku/__icsFiles/
afieldfile/2019/01/18/1412692_1.pdf, 2019年7月7日閲覧）より筆者作成.

一概に2012年から2013年は減少したとは言えなくなっている.

　また，文部科学省が公表しているJASSO（日本学生支援機構）の調査では，2009年から2010年に若干，減少したもの2010年以降，海外留学者数は増大している．OECD等の統計調査との違いは，海外留学者の定義をどこにおくのかによって大きく異なることに起因している．JASSO（日本学生支援機構）の調査では，日本と海外の大学間の協定による1カ月未満の海外留学も海外留学者数として加えているため，2010年以降，毎年その人数は拡大している．

　このような状況の中，文科省は補助金によって，日本人大学生に様々な留学制度のオプションを増やさせることを大学側に誘導すると同時に，2014年に企業からの寄付を財源とする官民協働海外留学支援制度「トビタテ！留学JAPAN日本代表プログラム〜」を創設している．これは企業インターンシップや学生自らが立案したプロジェクト等「実践活動」を焦点にした留学を推奨することにより，多様な経験と自ら考え行動できるような体験の機会を提供するプログラムとなっている．多様な経験を積んだ個性あふれる留学生のネットワークを形成することで，学生自らの情報発信活動を通じ海外留学の更なる機運の醸成に寄与することも狙いとしている[9]．

　また，日本経済団体連合会では，大学と協力して『経団連グローバル人材育成スカラーシップ』を設置し，積極的に日本人の海外留学を支援している．具

体的には，日本経済団体連合会が協力して運営している経団連国際教育交流財団が，将来，日本企業の事業活動において，グローバルに活躍する意志を持つ学生を対象に奨学生を募集し，選考に合格した学生に対して留学期間の奨学金として，1人100万円を支給している．採用人数は30名程度である［中川 2017］[10]．

このような取り組みによって，日本人学生の中短期の留学生数が増大したとはいえ，就職活動の早期化と長期化（日本企業の新卒一括採用解禁時期）の問題や留学する日本人学生の就職対策問題やそうした人材を採用する日本企業の取り組みの問題は，いまだ，やはり解決されたとは言えない．

そこで，次に日本人の海外留学生・留学経験者と就職問題を論じる前提となる日本人の海外留学生・留学経験者とはどのような学生なのかについて見ることにしたい．

4．日本人の海外留学生と就職問題

（1）日本人の海外留学生・海外体験者の構成と実態

本研究では，日本の大学に在籍して，中短期の海外留学をおこなう大学生を主たる対象としている．そして，日本の高校卒業後，海外の大学・大学院で学ぶ学生も，研究対象として加えている．そうした大学生でも，留学対象国，さらには，留学先での学ぶ大学のランクや留学状況に応じて，様々なバラつきが見られる．

イギリスを例にとれば，一流大学とされるオックスフォード大学，ケンブリッジ大学をはじめとして，職業専門学校のポリテクから昇格した大学まで様々な大学が存在している．どのような大学で，どのように学ぶかによって，その後の就職は大きく異なってきている．例えば，アメリカで，語学学校で学び，その後州立大学などのコミュニティカレッジで学んだ場合，その後の就職が大変厳しいとの指摘もある．それは，日本の留学エージェントが介在し，まず大学付属の英語学校で，クラスメイトは日本人ばかりで，アメリカ人と話す機会に恵まれず，その後，だれでも入学できる一般市民もしくは移民対象のコミュニティカレッジに学び，卒業しても評価されず，就職が厳しいからであるとされている［栄 2013］．

また，本研究の研究対象の中心ではないが，ワーキングホリデー，海外インターンシップ，ホームスティ，語学留学，海外ボランティアなど海外の正規留

学とは異なる形での海外体験も広がっている．そこでは多くの場合，留学エージェンシーが介在し，それらの斡旋がビジネスとして展開されていることも多く，そのような海外体験が，就職に決して有利に働く保証もないのも事実である．例えば，ワーキングホリディでも，英語力がなく，結果として牧畜業などの肉体労働的従事者になった場合，当然，英語力も伸びず，就職時にアピールするものもないということもおこることが指摘されている［栄 2013：77-80；高野 2015］．

　このように見ると日本では，量的に学生の海外留学者数の減少が問題とされ，その対策が政府指導の下で，大学等の教育機関が海外留学をカリキュラムに組み込むなどの取り組みがなされてきているが，就職との問題と関連づけてみると，どのような形態の海外留学，海外体験であれ，その「質」が大きな問題である．海外留学・海外体験の「質」を高め，その後の就職に結びつけるためには，正確かつ赤裸々な海外留学・海外体験の実態を，海外留学・海外体験前に知らせ，海外留学・海外体験前に，必要な語学能力の向上や海外滞在中の学習・キャリア体験計画を練る必要がある．そのために，政府，地方自治体，教育機関の担当部署，財団等がそれらの情報を伝達すると同時に，必要な語学能力の向上や海外滞在中の学習・キャリア体験計画立案のサポートをおこなう必要があろう．

　日本企業の求める「グローバル人材」にマッチできる基礎的潜在能力を有する人材では，どのような海外留学・海外体験であれ，それを通して，どのような能力を，どのようにして，どうして獲得してきたかを語れることが重要になるからである．また，海外の企業で就職するのであれば，より客観的に，職務能力があることを示せなければならない．

　しかし，そうした日本人の海外留学・海外体験がダイレクトに就職活動に有利に働かなかったり，日本の大学に籍をおきながら海外留学をおこなう学生が留学時期を誤ったりするのも，一番の根本にあるのは，留学・動機の曖昧さや日本における就活への認識の甘さに問題がある．そこで次節では，その点についても論究することにしたい．

（2）日本人海外留学生・海外体験者の留学・動機の曖昧さの問題

　動機が曖昧なまま海外留学・海外体験をすると，海外で獲得できる能力も不十分になる傾向がある．それを端的に示す調査としては，一般社団法人海外留

学協議会の「海外就業体験が若年者の職業能力開発・キャリア形成に及ぼす影響に関する調査研究」（平成26年度）がある．

　この調査では，海外就業体験者を対象に，渡航動機別に向上した能力を明らかにしている．渡航動機が明確な「国際的志向が強い層」，「社会貢献志向が強い層」，「現状打開が強い層」では，能力向上の自覚がアップしているが，「動機のあいまいな層」は，他の同期の明確な層に比して，能力向上の自覚が乏しくなっている．

　そして，同調査では，「海外就業体験の詳細な分析結果からは，一定以上の語学能力を有する者が明確な目的意識を持って海外就業に臨んだ場合には，語学面・ジョブスキル面ともに有意な効果を示すことが明らかになった．一方，明確な目的を持たずに海外就業体験に臨んだ場合，語学及びヒューマンスキルと呼ばれる対人関係能力については向上がみられたものの，ジョブスキルすなわちキャリア形成の観点からは必ずしも有意な効果をみることはできなかった．しかしながら，前者のような明確な目的意識を持ち有意にジョブスキルが向上した者であっても，帰国後の就職が困難で不安定な雇用状態に陥っていることが多いという実態が浮かび上がっており，これら帰国者に対する就職相談・就職あっせんなどの公的支援への潜在的なニーズは大きいものと思われる．[11]」と結論づけている．

　以上の調査からも日本人海外留学生・海外体験者も，海外渡航前に留学・海外体験の志望動機や海外留学・渡航目的を明確にしておくことが重要であると考えられる．次に，筆者自身のこれまでの海外留学体験者に対しての就職指導体験と筆者がおこなった2015年から2016年にかけておこなったヒアリング調査をもとに，「日本人の留学生の実践的就職対策」について論究することにしたい．

5．日本人の留学生の実践的就職対策

　筆者は2015年4月から2016年8月まで，日本人大学生・社会人の海外留学体験者（3カ月以上の大学間協定に基づく海外留学，大学休学による海外留学を含む）の32名（男性14名　女性18名，文系21名　理系11名）に対して，半構造化調査法に基づくヒアリング[12]調査をおこなった．それに加えて，筆者は，これまで10年間（2005年から2016年）に及ぶ海外留学体験者に対しての就職指導体験をもとに，日本人留学生の実践的就職対策について論究することにしたい[13]．

（1）留学前からの就職対策

　まず，就職活動の準備は，志望先が日本企業であっても海外企業であっても，留学前から始まっている．各国において，就職活動時期，採用ルート，採用基準，採用試験は異なっており，その点を海外留学する学生は熟知しておく必要がある．特に海外留学の場合は，将来海外留学先の国で働きたいのか，帰国後働きたいのかを想定して，日本および海外留学先の就職情報を留学前に収集しておく必要がる．しかしヒアリング調査でも，32名中25名が留学前に日本および海外留学先の就職情報を主体的に収集しておらず，主としては，所属している日本の大学から与えられる就職情報をえるだけで，自ら主体的に情報収集をおこなう必要性も認識していなかった．ただ，ヒアリング調査でも，漠然とした就職活動への不安をほぼ全員（32名中31名）が感じていたと答えている．

　日本の大学と海外の大学間協定での留学や日本の大学を休学していく場合など，大学のキャリアセンターや就職部が，留学前に日本及び海外の就職情報を事前に学生に伝えてゆくことも重要であろう．日本の就職活動では，筆記試験，エントリーシートの作成，面接，グループディスカッションなどの対策が必要であり，採用の解禁時期直前に帰国する場合は，筆記試験対策のための学習を留学中におこなっておくことも必要になってくる．また，海外留学をエントリーシートや面接などの自己PRに加えるためには，意識的にどのような事柄をPRするのかを，留学前から意識して取り組んでゆくことが大切である．しかしながら，ヒアリング調査では大半の海外留学経験者が，海外留学前にそのような明確な意識を有していなかった．それゆえ，日本の大学に在籍している大学生に対しては，そのような意識付けを海外留学前におこなってゆくことも大きな課題である．

（2）留学時の就職対策

　日本で日本企業への就職活動をおこなうのであれば，日本に帰国後，エントリシートや面接でこたえられるコンテンツ（内容）を留学中に構築しておく必要がある．そのためには，留学中から意識してエントリシートや面接で答えられるような自らの能力を示す事柄をつくっておくことが大切である．

　グローバル時代における企業が学生に求める資質として，公益社団法人経済同友会の報告書「これからの企業・社会が求める人材像と大学への期待——個人の資質能力を高め，組織を活かした競争力の向上——」[14]では以下の諸点が掲

げられている.

- ・変化の激しい社会で, 課題を見出し, チームで協力して解決する力 (課題設定力・解決力)
- ・困難から逃げずにそれに向き合い, 乗り越える力 (耐力・胆力)
- ・多様性を尊重し, 異文化を受け入れながら組織力を高める力
- ・価値観の異なる相手とも双方向で真摯に学び合う対話力 (コミュニケーション能力)

　海外留学時の体験は,「困難から逃げずにそれに向き合い, 乗り越える力 (耐力・胆力)」や「多様性を尊重し, 異文化を受け入れながら組織力を高める力」,「価値観の異なる相手とも双方向で真摯に学び合う対話力 (コミュニケーション能力)」を示す絶好の機会となるが, 意識をしてそれに取り組むことができなければ, その機会を失うことになる. なぜならば, 日本人留学生仲間のみと交流していては, 異文化コミュニケーションもおこなえず, 能力を養うことはできないからである. 私のヒアリング調査でも, 日本人留学生仲間のみと交流し, 留学先の観光が印象の中心で, 就職活動で訴える事柄がないという返答をする留学経験者が複数みられた. 反対に, 就職活動を意識して, 留学生と現地学生との交流組織をつくり, 国際的なイベントを企画・立案・実施するなどの成果をあげ, それを有効に就職内定に結びつけていた人物もいる.

　また, 経済同友会の同報告書では, 他にも企業が学生に対して就職面接で確認したいことの例示として下記の諸点をあげている.

　例えば, 学生時代の学びの成果への面接時の質問としては,

- ・専攻で学んだことは何か, 学びで得たものは何か
- ・教授の講義内容, 方法はどうであったか, 理解できたか
- ・ゼミ等で課題解決のディベート, アーギュメントを体験したか
- ・議論で何に苦労したか, 工夫したことはあるか, 異なる意見の取りまとめに努めたか
- ・学生時代の学びを如何に社会や企業 (当社) で活かし, 貢献できるか, 将来企業でどんなキャリアを描きたいのか

　また, 人や社会との交流への面接時の質問としては,

- 部活動や就業体験で得たものは何か
- インターンシップに参加したか，そこで得たものは何か
- 自己の得意なこと，長所を如何に活かして伸ばしたか，失敗や不得手なもの，短所の克服に如何に努めたか
- 業務上の相手を納得させ理解を得るような，組織における（友人とは異なる）コミュニケーションが図れるか，周囲が自分に求めることを認識し，期待どおりに対応できるか

そして，企業が求められるコンピテンシーへの面接時の質問としては，

- 業務に積極的に臨む姿勢や心構えができているか
- 耐力，行動力（打たれ強さ，チャレンジ力など）を備えているか
- 業務の目的を理解し，始める手順や段取りをつけられるか（不要不急の判断，プライオリティ，重要度，他チームとの調整範囲，スケジュール管理など）
- 業務遂行に必要な情報，知識，人材，予算，機材などをイメージして，チーム作りができるか
- 組織のチームの一員として役割を果たせるか，取りまとめができるか，チームのなかで他者と相互に補完し，相乗効果を発揮できるか

といった諸点があげられている．

　以上のような能力アップは，海外留学に限られたものではないが，海外留学でも意識して，①「海外留学時の学びの成果」，②「海外留学を通して得られた成果（外国人学生や海外社会との交流を通して）」，③「海外留学を通して得られた企業が求めるコンピテンシーを獲得できたか」に取り組むことが重要である．③「海外留学を通して得られた企業が求めるコンピテンシーを獲得できたか」は，①「海外留学時の学びの成果」，②「海外留学を通して得られた成果（外国人学生や海外社会との交流を通して）」の取り組みで示されるものであり，①と②を留学中常に意識する必要がある．①，②，③に加えて，海外留学であるから語学力を求められることも，当然であり，その点についても注力をすべきであることは言うまでもない．

　ヒアリング調査において気づかされたことは，海外留学体験者の①および②の成果が，「主観的に苦労したこと」におかれていたり，③のコンピテンシーも，「主観的に身についたと思える能力」となっており，留学中から客観的に，①

と②の海外留学での成果，その成果を通して獲得できた③のコンピテンシーを把握できるように，日記につけたり，海外留学者同士でお互いに評価しあったりしあうことが大切である．

　海外留学中は，帰国後の日本企業やNGO・NPO・財団・公的組織への就職準備期間であることを意識して取り組みをおこなったり，留学中に，海外で日本の企業への就活をすすめるのであれば，ボストンキャリアフォーラムなどの合同企業セミナーや個別企業のリクルートに臨むのであれば，そのために，しっかり準備をして臨むべきである．

　また，日本企業以外の国際機関・NGO・NPOや世界の多国籍企業等々の組織に就職・参加するためには，グローバル人材のみならずグローバル市民としての知識や能力を養うことも，海外留学での得難い体験である．まず，グローバル市民としての知識や能力の基本は，グローバル（地球）または人類に所属し，グローバル（地球）または人類に対する個人としての権利と義務を負うという意識を持つことである［加藤・久元 2016：261-83］．海外での多様な国籍の学生と共に学ぶことは，このようなグローバル市民としての意識を持つ絶好の機会といえよう．実際，私のヒアリング調査でも，「海外留学を通して，多様な国籍の学生と学ぶ異文化コミュニケーションを通して，日本人であると同時にグローバル市民である意識を持つようになった．」との発言が聞かれた．そして，日本人の海外留学生が，海外留学中にその後の海外企業・国際機関・NGOなどに就職するために，養っておくべき最大公約数的能力としては，①グローバルマインドを養うこと，②倫理とリーガルマインドを養うことの2点がある．渥美［2013］は，グローバルマインドとは，海外留学という体験を通して世界を俯瞰的に見て，世界的視野から見る目を養っておくことと論じ，日本人は道徳と倫理を混同しており，日本人がグローバル人材になるためには，倫理とリーガルマインドを養うことが重要であると論じている［渥美 2013］．

　そして，「日本企業や日本の組織」と「国際機関や世界の多国籍企業・NGO等々の組織」就職活動の大きな差異は，属人主義と職務主義の差異がある．「日本企業や日本の組織」の採用が，属人主義に基づく「人柄」採用であるのに対して，「国際機関や世界の多国籍企業・NGO等々の組織」が職務主義に基づいた職務記述書・職務明細書に沿った「専門能力」採用である点に大きな違いがある．海外に留学した日本人学生は，その点の大きな差異を意識しながら，「専門能力」の取得に努め，長期のインターンシップなどを通して，「国際機関や

世界の多国籍企業・NGO等々の組織」への就職を目指すことが重要である．

　例えば，横山・中村［2009］は，国際公務員アンケート調査からの日本人職員と外国人職員との比較分析をおこない，外国人職員が日本人より国際機関で働くためのキャリア計画を早い段階から立て，実践していることを指摘している．そして，学歴・最終学歴での専攻分野についても外国人職員と日本人職員の比較をおこない，外国人職員の多くが国際機関で従事している事業と関係のある分野で専門教育を受け，かつ関連分野の職務を経験してから国際機関に応募している点を明らかにしている．そして，横山・中村［2009］は，外国人の方が採用されるために，専門分野での学歴や知識の取得などの準備を周到に行い，入職後も，外国人の方がキャリア開発に積極的に取り組んでいると結論づけている［横山・中村 2009：81-107］．

（3）帰国後の就職対策

　帰国後の就職対策は，帰国時期と大きく関係している．休学・交換留学での日本人海外留学生の場合は，2回生までの留学であれば，日本人一般学生と同じ条件での就職活動となる．しかし，3回生後半から4回生前期までの帰国の場合は，短い期間での就職活動準備をおこなう必要がある．海外の大学を卒業し，日本で日本企業の就職活動をおこなう日本人留学経験者の場合，既卒採用をおこなっている日本企業を対象として就職活動を行う必要があると同時に，帰国後であっても，ボストンキャリアフォーラムなどの海外でおこなわれる海外日本人留学生を対象とした合同企業説明会に参加して就職活動をおこなう必要があろう．

　日本人留学生の帰国後の就職対策は，まず海外留学の「振り返り」をおこない，留学動機，自己の強み・弱み分析，留学を通して自己の成長分析，異文化理解能力・コミュニケーション分析，語学能力分析などをし，自分の「棚卸（たなおろし）」をしておくことにある．私のヒアリング調査においても，日本に帰国後の就職活動で成功した人物はいずれもこの海外留学の「振り返り」による自分の「棚卸（たなおろし）」がしっかりできた人物である．

　私のヒアリング調査において，留学に関わって就活で聞かれた代表的質問は，「1．なぜ留学をしたのか（留学動機）．」と「2．留学を通して何を得られたのか，留学を通してどう成長したのか．」，「3．海外留学を通して語学能力はどの程度伸びたのか．」の3つであった．この点について，エントリーシートでも面

接でもしっかりと答える必要がり，そのための海外留学の「振り返り」による自分の「棚卸（たなおろし）」が大切なのである．

　海外留学や海外体験が，自分探しのことも多く，帰国後，自己分析も海外留学での自己成長もわからないというケースも聞かれた．その場合，「インターンシップ，キャリアセンター・就職部への相談，実際の就職活動を通して，自己の海外留学や自分を客観的にとらえることができるようになってから，就職内定に繋げることができるようになった」という話もあった．

　また，一括新卒採用試験を受験する場合は，日本人留学生枠の受験でなければ，筆記試験を受ける必要があり，試験センターやSP3などの日本の企業独特の筆記試験にパスするためには，受験勉強さながらの試験勉強は必要であり，日本への帰国後から受験までの期間が短い場合，この筆記試験にとても苦労したという話も，私のヒアリング調査において良く聞く話であった．それだけに，筆記試験対策も重要であろう．

　採用試験の面接で必ず聞かれるもう1つ重要な事項は，志望動機であろう．なぜこの業界・この会社に入りたいのか，この会社にはいってどのような仕事がしたいのか，という2つの回答が，私のヒアリング調査でも必ず聞かれる事柄であった．日本の企業の場合，職種別採用でなければ，総合職採用で，様々な職種を担当することになる．私のヒアリング調査では，海外留学経験者は，海外勤務や国際業務の仕事を強く志望する場合が多いが，日本企業の場合，その会社での長期勤続を想定して配置をおこなうため，時にそのような海外勤務や国際業務の仕事をあまりに強く志望するあまりに，採用内定を獲得できないケースもあった．日本人海外留学経験者が日本企業を志望する場合，海外勤務，国際業務を外した視点からも，志望企業や自らのキャリア形成を考えておくほうが内定獲得において大切であろう．

6．日本企業・NPO・NGO等の日本人留学生の採用対策

　次に，日本企業・NPO・NGO等の日本人留学生の採用対策について考察をおこなうことにしたい．

（1）留学・海外体験前の学生へのインターンシップや認知度のアップ
日本企業・NPO・NGOの採用管理活動としては，まずは，企業・NPO・

NGOへの認知度を，広く一般学生を含めて広げておくことが必要である．特に，その企業・NPO・NGOがグローバル人材を求めている場合，留学や海外体験を予定している学生に対して認知度を高める活動をおこなう必要があろう．そのために，インターンシップなどを活用し，その企業の過去・現在・未来の国際的な経営展開について説明し，さらには国際業務について擬似体験をしてもらい認知度を高めることが有効である．

（2）留学・海外体験中の採用活動

海外留学中の日本人学生への有効な採用管理活動としては，現地駐在員を活用しての海外の大学訪問，海外でのセミナー開催・独自選考をあげることができる．また，独自採用選考が難しい場合，合同就職セミナーに参加する企業や組織も多く見られる．

海外で開催されている有名な合同就職セミナーとしては，ボストンキャリアフォーラムがある．アメリカで開催され，2016年で30周年を迎える就職合同セミナーであり，2016年は，11月に様々な業界の日本の企業や財団・公的機関が参加しておこなわれている[15]．私のヒアリング調査でのボストンキャリアフォーラム参加者によると「4000人から5000人参加し，200社程度が5名程度づつ採用しているのではないかと推測されるので内定率は高い．国内の就職セミナーと違い，その日のうちにセミナー，書類選考，筆記試験，集団面接，個人面接と続き，当日もしくは翌日には内定が出る場合もある．」とのことであった．日本の巨大企業であれば，組織的・人員的に，海外での大学訪問，海外でのセミナー開催・独自選考やボストンキャリアフォーラムへの参加は確かに有効な選考手段であろうが，日本の中堅企業・小企業にとっては，現実的に無理な面が多々あろう．そこでおすすめしたいのが，海外留学生向けの情報発信（ホームページ・メール等の活用）やオンラインセミナー・オンラインによる筆記試験・オンライン面接の実施である．

このような日本の企業のオンラインセミナー等をマイナビでは，「グローバル人材採用企画」として，海外留学生採用企画としてバイリンガルのための就職情報サイト「マイナビ国際派就職」を立ち上げ支援をおこなっている．

（3）留学・海外体験後の採用方法

次に，日本人学生の留学・海外体験者の採用方法の工夫について述べたい．

休学や交換留学などで日本への帰国時期が異なるため，柔軟かつ個別に日本人学生の留学・海外体験経験者の採用をおこなうことが肝要である．更に言えば，海外の大学を卒業，大学院を修了して日本に帰国した人材を採用するために，新卒にこだわらず，海外の大学既卒者を対象に採用をおこなうことも重要である．そのための採用スケジュールを設けることも重要であろう．

　しかし，株式会社ディスコによる「2016年度・新卒採用に関する企業調査—中間調査（2015年7月）：（調査対象：全国の主要企業1万200社　調査時期：2015年6月29日〜7月7日　調査方法：インターネット調査法　回答社数：1144社）」によると，日本人留学生採用のために講じている施策を尋ねたところ，「国内学生の採用と一緒に行っている」という回答が前年の54.7％から74.4％へと約20.3％も伸びたとしている．74.4％もの日本企業が，日本人留学生を採用するために特別な施策は行わないと回答していることになる．講じている施策として最も多いものですら，「日本人留学生用の採用スケジュールを設けている」だが，前年調査では32.4％あった回答が今回は9.1％へと大きく減少している．2015年の新卒採用解禁の時期変更の趣旨・目的の1つには，日本政府の進める「留学等の促進」があり，8月に新卒採用解禁となり帰国後の留学生と国内学生とを同じ時期に選考する企業が増えたのは一定の成果と評価することができよう．同調査でも「国内学生と同様に選考を開始」との回答は，「8月から」(20.9％)と「8月より前」(52.5％)をあわせて73.4％にのぼっていることが明らかにされている．しかし，2017年度卒採用では，また，新卒採用解禁は，企業・学生に多大な影響を与えたことを考慮し6月に変更されており，日本人留学生の採用問題に影を落とすこととなっている．

　もう1つの日本独特の影を落とす課題は，海外留学を体験した女子学生の採用問題である．海外留学を体験した女子学生に対する私のオリジナルなヒアリング調査に見られたのは，海外留学体験を経ての日本企業や日本の組織の雇用における男女間の大きな格差への絶望・嘆きである．日本と世界の雇用における男女間の大きな格差については，渡辺・守屋［2016］においても，如実に指摘されている．私のヒアリング調査においても，日本企業の採用・雇用における男女格差の厳しさを指摘する声が多数聞かれた．

7. 海外留学経験のある日本人学生から「見捨てられる」日本企業

　次に，筆者が，海外留学経験を持つ日本人学生であえて，日本企業に就職することを忌避し，外国企業，外資系企業，NGO，国連等の国際組織に就職した日本人学生12名（女性7名，男性5名：学部生6名，大学院生6名）に対して，2018年4月から2019年9月にかけておこなった半構造化調査法に基づくヒアリング調査から「日本人学生から見捨てられる日本企業」について紹介・分析をすることにしたい．

　対象の日本人学生に共通する点は，第1に，アメリカ等の海外留学体験を経て，日本企業の独特な集団主義的「囲い込み型」の組織風土に，馴染めない点がある．ヒアリング調査では，日本企業への就職活動やインターンシップを通して，見えない評価，過剰な管理といった日本企業の社風に息苦しさを感じたという意見が多かった．就活でも，細かくスケジュールがいれられる反面，つくリクルーターによって評価がフィードバックされているように見えながら，それ自身がコントロールをされているように感じた日本人学生も多い．この点は，太田［2010：40-92］が，日本企業において，日本人従業員が，意欲を失う要因としてあげている諸点と重なる点である．太田［2010］は，日本企業が従業員に意欲を失わせる原因として，過剰な管理，定まらない目標，まだら模様な人間関係など，日本人従業員さえ戸惑う日本企業独特な多くの問題点をあげている．

　第2に，日本企業における女性の男女共同参画への強い不信感がある．日本企業では，長期雇用を前提として，若い世代では給与が低く抑えられるが，日本人の優秀な女子学生としては，結婚・出産を契機として，離職せざるをえないのであれば，外資系企業や海外企業で高い報酬を得ながら専門性を高め，結婚・出産で離職して，その後，高い専門性で再就職を図る方がキャリアデザインとして有益であると判断する学生も増えている．

　第3に，大学・大学院で専門性を深めていても，日本企業では自分の専門性を活かせない部署に配属されることが多く，自分が大学・大学院で深めた専門性を活かせる部署への配属を希望するために，外資系や海外企業を選択する事例が多く見られた．

　これらの日本企業に就職することを忌避し，外国企業，外資系企業，NGO，

国連等の国際組織に就職した日本人学生からの日本企業の人事・雇用管理改善の希望は，外国人材の希望と重なっている．具体的には，① 外国人高度人材の専門性を生かせる部門への配置・異動，② キャリアアップできるキャリア開発制度の充実，③ ワーク・ライフ・バランスの達成をサポートする福利厚生制度の充実，④ 昇給・昇格における基準の明確化，⑤ ICTの活用などによる業務の効率化対策，⑥ 能力・業績に対応し，客観的に納得できる報酬制度の確立，⑦ テレワーク・フレキシブルな勤務時間などの柔軟な働き方の提供，⑧ 仕事（職務）の内容の明確化（ジョブディスクリプション整備）などが共通ポイントである．

　これらの優秀な日本人「グローバル人材」層は，今は，ごく一部とはいえ，今後の日本の未来を考える上で大切な課題であると感じている．

8．小　結

　以上，本章では，日本人の「グローバル人材（グローバルタレントを有する人材）」や世界貢献を目指すNGO・NPO・国際機関等で活躍できるグローバル市民の育成の課題との関連から日本人留学生・留学体験者の就職問題と企業の採用管理について論じ，考察をおこなってきた．そして，本研究では，日本企業の「グローバルタレントマネジメント」にマッチした「グローバル人材」や広く世界的な視野にたつ「グローバル市民」となるであろう日本人の海外留学生や海外経験者が，日本の企業や組織に採用・就職されていくためには，どうすれば良いのか，ヒアリング調査をもとに具体的に論じることができた．それと同時に，日本企業の大企業や中小企業が，日本人の海外留学者をその体験を活かす形で広報・採用していくためにはどのような採用管理をおこなえば良いのかという実践的経営課題についても論究をおこなうことができた．

　本章の結論としては，日本人の海外留学生や海外経験者が，日本の企業や組織に採用・就職されていくためには，日本人学生が留学する上で，就職に関する十分な情報を持ち，就職に関する意識と戦略を持つことが有効であるという点である．

　日本企業の大企業や中小企業が，日本人の海外留学者をその体験を活かす形で広報・採用していくためには，一括新卒採用解禁時期の採用スケジュールと並行して，日本人の海外留学者・海外体験者にマッチした柔軟で個別的な採用

管理をおこなってゆくことが重要である.

また,海外留学経験を持つ日本人学生であえて,日本企業に就職することを忌避し,外国企業,外資系企業,NGO,国連等の国際組織に就職した日本人学生の筆者独自のヒアリング調査を通して,日本企業が,日本人の「グローバル人材」から見捨てられないための処方箋について論じることができた.

横山［2012］は,日本人国際公務員のキャリア研究から日本企業のグローバル人材育成に向けての提言をおこなっている.横山[2012]は,日本企業がグローバル人材を育成する上での環境整備に向けて6つの提言を行っている.そのうちの幾つかを紹介することにしたい.横山［2012］の提言の1つは専門職人材の育成である.横山によれば,日本の民間企業の人材育成はジェネラリストの育成が中心であるが,日本以外の国や組織では,専門分野での学位歴や関連分野の職務経験がある高度な人材を活用しており,今後,日本企業が海外の企業と競合しなければならないことを考えると,専門性の高い専門職人材の育成を急ぐ必要があると指摘である.そして,横山［2012］のもう1つの提言は中途採用市場（既卒採用）の拡充である.そして,横山のもう1つの提言は早い段階でのグローバル人材の選抜である.そして,更なるもう1つの横山［2012］の提言は「女性の人材活用」であった[17].

横山［2012］の指摘は,ヒアリング調査から照らし合しても,それぞれにおいて合理的な指摘ではあるが,日本企業の採用方針・採用管理の実施においては,一概に,西洋合理的に展開されるわけではない点を述べておきたい.それは,日本の企業の採用方針・採用管理には,それぞれの企業の権力関係・文化的諸関係における企業統治上の意思決定・判断でなされるものであり,それは,一概に西洋合理的判断とはなりえない点を指摘しておきたい.

特に,女性の人材活用に関しては,Kanter［1993］の研究によると,女性は,ある組織やある職業において男性が多数を占め女性が少数である場合には,女性は本質的に能力があるにも関わらずその能力を発揮できず,男性中心の権力ネットワーク情報やネットワークにも入れこともできず,結果として職務満足感もまともに得られないと指摘している.

そして,Kanter［1993］ではさらに,少数派である女性たちは職務における地位や満足感を獲得するための行動を3種類に分けている.1つ目は女性が男性文化への同化行動傾向があることを指摘している.すなわち,女性が有する特質を多数派である男性文化のなかで最小化しようとする傾向である.例えば,

自分の存在をアピールする男性に対し，女性は自分の行動や発言を控えたり，あるいは目立たないように我慢したり，男性との対立や議論を避けようとしていた．２つ目は向社会的行動である．すなわち女性は少数派であることを利用して自分が有する正常の権限を超える行為である．３つ目は男性文化と女性文化の統合行動である．少数派である女性は自分の特質を上手く利用し，スキルや地位を上げる行動をとるとも指摘している．このKanter［1993］の研究では，「組織の構造要因」に分析視点をおいて，男性と女性は性別上の差がなく，同じ環境のなかでは同じような非合理的・合理的な行動を行うと主張している．そして，このような行動の源泉的力として，Kanter［1993］は，「機会」，「パワー（権力）」，「量（同じ社会的なカテゴリーに属する人間の割合）」と規定していることを記しておきたい．

注

1）　グローバル人材・グローバル市民に関しては，守屋［2016］参照．
2）　内閣府（2013）日本再興戦略――JAPAN is BACK――」（http://www.kantei.go.jp/jp/singi/keizaisaisei/pdf/saikou_jpn.pdf，2016年8月7日閲覧）．
3）　日本経済団体連合会「グローバル人材の育成に向けた提言」2011年6月14日（http://www.keidanren.or.jp/japanese/policy/2011/062/，2016年8月7日閲覧）．
4）　日本人のアジアへの留学傾向に関しては，大西［2007b：9 -23］参照．
5）　前倒しとは，日本企業の新卒一括採用解禁時期が，次第に，早くなることを指している．
6）　グローバル人材の定義としては，吉田［2012］参照．
7）　グローバル市民の概念に関しては，加藤・久元［2016］参照．
8）　日本人留学生と就職問題を扱った数少ない研究としては，村上［2012］などがある．
9）　日本経済団体連合会「トビタテ！留学JAPAN」（http://www.tobitate.mext.go.jp/，2016年8月19日閲覧）．
10）　日本経済団体連合会「トビタテ！留学JAPAN」（http://idc.disc.co.jp/keidanren/scholarshipyoukou.pdf，2016年8月18日閲覧）．
11）　海外留学協議会［2014］「海外就業体験が若年者の職業能力開発・キャリア形成に及ぼす影響に関する調査研究」（http://www.ovta.or.jp/info/investigation/internship/pdffiles/internship_8.pdf，2016年8月18日閲覧）．
12）　調査表については，本論文の巻末に掲載している．
13）　日本人の海外留学生の実践的就職対策については，本橋［2015］参照．
14）　経済同友会［2015］「これからの企業・社会が求める人材像と大学への期待――個人の資質能力を高め，組織を活かした競争力の向上――」（http://www.doyukai.or.jp/

policyproposals/articles/2015/pdf/150402a_02.pdf，2016年 8 月18日閲覧）.

15） マイナビ「グローバル人材採用企画」（http://saponet.mynavi.jp/shinsotsu/abroad/，2016年 6 月21日閲覧）.

16） ディスコ［2015］『2016年度・新卒採用に関する企業調査─中間調査──2016年 3 月卒業予定者の採用活動に関する企業調査──』.

17） 日本企業における「女性の活用」に関しては，渡辺・守屋［2016］，参照.

調査票

1．あなたは，海外留学の動機は何ですか．
2．あなたの海外留学の形態（高校卒業後，海外の大学に留学，語学留学，交換留学，休学後留学）と留学時期と留学期間と留学先（国名と大学名・学部）は何ですか．
3．あなたは海外の大学に留学前に日本及び留学先国の就職情報を主体的・積極的に収集しましたか？

主体的に就職情報を収集しなかった人に対して……

4．なぜあなたは，海外の大学に留学前に日本及び留学先国の就職情報を主体的・積極的に収集しませんでしたか？

主体的に就職情報を収集した人に対して……

5．なぜあなたは，海外の大学に留学前に日本及び留学先国の就職情報を主体的・積極的に収集しましたか？
6．海外留学中，大学卒業後・大学院修了後の就職を意識しましたか．
7．海外留学中，大学卒業後・大学院修了後の就職を意識した場合，それに基づきどのような行動をしましたか．
8．海外留学中に，学業に対してどのように取り組み，どのような努力をし，どのような成果を得ましたか．
9．海外留学中に，海外の人・組織・社会との交流をどのようにおこない，それによって，能力や思い出などどのようなものを得ましたか．
10．海外留学中に，学業・クラブ活動・社会活動・ボランティア・国際的交流活動をおこなうことをとおして，どのような取り組み姿勢やなんらかの心構えを得ることができたと思いますか．
11．海外留学中もしくはその後，あなたはどのような就職活動をしましたか．（海外留学先でのインターンシップ・就職活動，更に，日本に帰国した後の就職活動を含む）．
12．あなたは，海外留学中もしくはその後の海外留学後の就職活動においてどのような点において苦労をし，それについて，どのように，乗り越えましたか．）

日本に帰国されて就活をされた方にのみの質問です．

13．あなたは，日本に帰国後，自らの海外留学体験について，どのように整理され，総括されましたか．
14．あなたは，日本に帰国後，エントリーシート・面接等において，どのように対策をたて，そして，対応されましたか．
15．あなたは，帰国後，日本企業の筆記試験にどう対応されましたか．
16．あなたは，海外留学体験者として，かつ就職活動体験者として，日本企業等の採用活動に対してどのように，変更すべきであると考えますか．

海外留学を体験した女子学生もしくは女性への質問です．

17．あなたは，海外留学を経験した後，日本に帰国した後の就職活動において女性としてのハンディを体験しましたか．体験したとするならば，それは，何ですか．

第 8 章

タレントマネジメントとは何か

1. タレントマネジメント論とは

　本章からは，グローバル人材（外国人材，日本人材）の積極的な活用や育成，さらには後継者育成に適した新しい理論・管理制度・管理技法であるタレントマネジメントに着目して，紹介・分析をおこなうことにしたい．

　21世紀以降，グローバル人材の人材育成・獲得・確保・定着・配置と連動して，タレントマネジメント（Talent Management；TM）論は，欧米のみならず日本の実業界においても，急速な注目を集めてきた理論であり，実践的な管理技法である[1]．果たして，このタレントマネジメント論やその進化系のグローバルタレントマネジメント論や戦略的タレントマネジメント論は，これまでの日本及び欧米の「人に関する管理技法・管理制度研究[2]」の中で，どのように位置づけることが適切なのであろうか．

　欧米における「人に関する管理技法・管理制度に関する研究」は，課業管理などを通して標準化と専門化を中心とする今日の管理の基礎をつくった科学的管理法や人間関係管理（Human Relation：HR）などの管理論を経て，人事管理（PM）研究，その後，人的資源管理論（HRM）として展開してきている（渡辺，2002）．

　これに対して，日本における「人に関する管理技法・管理制度に関する研究」は，経営労務論，企業労働論，労務管理論，人的資源管理論というように，人事管理論や人的資源管理論といったアメリカ経営学の影響以外にも，ドイツ経営学，批判的経営学の影響を大きくうけ独自の展開・発展を見せてきた[3]．

　欧米と日本の「人に関する管理技法・管理制度に関する研究の系譜」は，それだけで1冊の学術書では語りきれないものであり，ここではそれが本題ではないため，あえて深く論じることは避けるが，最近，欧米や我が国のコンサルティング業界において盛んに論じられるようになってきたタレントマネジメント論が，どのような位置づけとなぜ生成したのかを探ることを学術的・社会的に有意義であると考えられる[4]．

なぜなら，タレントマネジメント論は，日本においては，コンサルティング業界，実業界において広く論じられているものの，学術的にはあまり論じられていないからである．

そこで本章では，まずタレントマネジメント論の先行研究の検討をもとに，タレントマネジメントの定義の問題性への分析やタレントマネジメントの比較をおこない，そのうえで，タレントマネジメント論から戦略的タレントマネジメント論への研究の展開を紹介し，こうしたタレントマネジメント論が展開した社会的背景を探ることにしたい．そして，そうしたタレントマネジメント論にもとづくタレントマネジメントの日本への導入・展開について，更に分析をおこなうことにしたい．

そうした考察を通して，本章の目的の第1は，タレントマネジメント論と人的資源管理論の学術的関係性について，明らかにすることにある．学術的関係性とは，人的資源管理論が人事管理論に代替したように，タレントマネジメント論が，人的資源管理論に代替するのか，もしくは，補完する関係性にあるかを解明することにある．そして，第2は，タレントマネジメント論にもとづくタレントマネジメントの日本への導入・展開の現状と問題点を明らかにすることにしたい．

2．タレントマネジメントの誕生と定義

タレントマネジメントは，1990年代にはいまだあらわれておらず，マッキンゼー・アンド・カンパニーの報告書である*The War for Talent*（2001）の中で言及され普及していく．報告書では，世界的なグローバル化・IT化の急速な進展によって，それにマッチした優秀なタレントを有する人材が不足することが指摘されている．そして，タレントマネジメントは，アメリカ最大の人材開発センターであるASTD（米国人材開発情報）の2008年の主要テーマにも掲げられている．ATSDの調査では，タレントマネジメントを有しないアメリカ企業は，26.5％にすぎないと指摘している（ATSD 2009）．また，英国においても，CIPD（人事開発研究所）でも，タレントマネジメントが，現場において大きな影響を与えていることを論究している．

マッキンゼー・アンド・カンパニーの報告書である*The War for Talent*［2001］を契機として，タレントマネジメントは，実務家やコンサルタントによって，

分析がなされると同時に，学術的な研究が数多く展開され，議論の広がりを見せるようになってきた．コンサルタントや実務家レベルの論究では，優秀なタレント（才能）を有する人材の採用・育成・配置などのタレントマネジメントの必要性や有用性が主張された．これに対して，学術研究では，タレントマネジメントを理論的に解明することが試みられた[5]．

タレントマネジメントの理論的解明において，タレントネジメントは，様々な学術的・専門的な組織によって定義づけされている．タレントマネジメントの目的は，「最大のパフォーマンスを発揮する高い機能を有する特定の個人をつくりだすことであり，そうした最大のパフォーマンスを発揮する特定の個人が，学び，成長し，成果をあげる環境をつくりだすことにある」という指摘もある [Guillory 2009：2]．

また，グローバルレベルのタレントマネジメントは，グローバル環境下において，企業が，達成すべき目標やゴールに到達すべく最高のパフォーマンスを発揮するように，人材を，再教育したり，選別，採用，能力開発するなど幾つかの側面を有しているという言及もある [Tarique and Schuler 2009]．タレントマネジメントの定義としては，その諸研究の共通点を整理すると「組織の目標やゴール達成するために高いパフォーマンスを発揮する才能や能力（タレント）を有する人材を，選別・採用・配置・能力開発・再教育を通して，最高のパフォーマンスを発揮させるマネジメント」[Ready et al. 2010] と言えよう．Collings and mellahi [2009] では，「組織の持続的競争優位，特に，貢献するキーポジションの体型的な特定」としている．

タレントマネジメントで使用されるタレントという用語の概念であるが，日本ではタレント（talent）はテレビ・ラジオに出演する歌手・俳優・司会者等の「芸能人」をさして使用されるケースが多いが，欧米では，個人の才能・素質・技量を指す用語として使用されている（『大辞泉』2013年）．古代ギリシャ・ヘブライの重量単位・貨幣単位として使用されたタラントから言語的に発生したもので，個人の才能・素質・技量の優劣をはかれるとした考え方を前提としていると推察できる．ただ，タレントマネジメントを取り扱った諸研究においても，中心概念たる「タレントの概念」が，所与の前提とされていたり，不明確であったり，多義・多様にそれぞれの研究において定義づけ使われており，定まっていない．

タレントマネジメントのキー概念である「タレント」とは何かという点の明

確化も不確かなため，タレントマネジメント自身も，明確で普遍的な定義や共通の明確な概念化がなされておらず，その点についての理論的研究の試みも続いている［Colling and Melath 2009：304-13］.

3．タレントマネジメント論と人的資源管理論との比較

アメリカでは，人を代替可能な労働力とみなす人事管理論（PM）から，「人を貴重な人的資源」をとらえ，戦略と人の管理を連動させる人的資源管理論が，1960年代に誕生し，その後，戦略的人的資源管理論，国際人的資源管理論と展開を見せ，21世紀，組織に対して高いパフォーマンスを発揮する人材に焦点をあてるタレントマネジメント論に至っている［岡田 2004：159］.

人的資源管理論，タレントマネジメント論も，特定の時代の特定の地域もしくは多国籍企業の限られた企業事例調査からモデリングされてつくりだされた理論である．そのため，対象とする企業事例の業種・国・規模・多国籍企業か国内企業か等やそれぞれの調査の時期によっても，そのモデルは異なり，様々なモデルが提起されることとなっている．それゆえ，様々な人的資源管理論やタレントマネジメント論のモデルが提唱されるわけであるが，ここでは一般的に認知されている代表的なモデルをもとに，その比較や共通点について議論をおこなうことにしたい．

人的資源管理論とタレントマネジメント論とを比較する前に，人的資源管理論とは何かを簡単に論じておきたい．人的資源管理論は，人間行動科学論を基礎に，1950年代のアメリカにおいて生成した理論である．そして，1970年代のアメリカにおいて，人的資源管理論は広く研究されるようになり，1980年代になると大きく発展することになった．人的資源管理論では，従来の人事管理論よりも，企業の経営戦略との結びつきを重視し，戦略的人的資源管理論（Strategic Human Resoruce Management：SHRM）へと展開することとなった［岡田 2004：159］.　戦略的人的資源管理論では，人的資源を持続的競争優位の源泉として見て，産業構造，技術革新，雇用法規制といったものを外部環境とし，外部環境に適応した経営戦略と適応した「人的資源の有効活用」をおこなうものを，人的資源管理としている［岩出 2002］.

次に，人的資源管理論とタレントマネジメント論の差異についてみることにしたい．

　タレントマネジメントは，当初，組織のエリート層に焦点をあてて展開することで，従来の人的資源管理よりも企業の競争力強化に貢献しうるという見解もあったという指摘もある［Hambrick and Malson 1984］．そして，タレントマネジメントは，今日（21世紀）の企業を取り巻く競争環境のダイナミックで急速な変化に適合し，組織の人的資源の競争優位性の最大化をはかりうるものであるという主張もなされている．人的資源管理論では，全従業員・管理職を対象として，管理（採用・配置・育成）が展開されたのに対して［Blass et al. 2006］，タレントマネジメントは，当初，組織のエリート層，組織の目標やゴール達成するために高いパフォーマンスを発揮する才能や能力（タレント）を有する人材層を主として対象として，管理（採用・配置・育成等）が図られる点に大きな違いがある．そして人的資源管理論は，その前提に「平等主義」があるが，タレントマネジメント論では「平等主義」を打破し，優秀な人材の「選別化」・「細分化」を強調している．

　人的資源管理論は，アメリカにおける公民権運動を背景として誕生し，公民権運動以降に誕生した平等雇用法に関する様々な配慮が，管理施策に織り込まれている．アメリカの雇用平等に関わる法令の下に従業員に対して「平等」に，採用・評価・報酬管理をおこなうことを前提としている．具体的には，アメリカにおける人種的・文化的多様性を反映した配慮や女性差別，高齢者差別の禁止などにあらわれている．このような「平等主義」を反映した人的資源管理論における管理制度・管理技法は，1990年代，ダイバシティマネジメントとして更に展開されている．これは，前述した様々な従業員への多様性に適応した管理プログラムであり，トップマネジメントによる多様性へのコミットメントから始まると主張されている［Mathis and Jackson 2007：33-46］．有村（2008）は，ダイバシティマネジメントは，特に，1990年代，アメリカ企業において模索された多様性の管理手法であり，その社会背景には，アメリカ企業における女性やマイノリティの労働力構成の比率の著しい増大があると指摘している．そして，Cox and Blake［1991：45-52］は，ダイバシティマネジメントには，コスト，資源獲得，マーケティング，創造性，問題解決，システムの柔軟性の面において，競争優位性があると主張している．

　タレントマネジメント論では，アメリカの雇用平等法を無視しているわけではなく，所与の前提として展開しながらも，全従業員もしくは労働市場からタレントのある従業員を当初から選抜して採用し，キャリア開発をほどこし，コ

ア人材の定着化はかるなどの差異がみられる．これは，競争上優位性を確立するために，タレントのある人材を惹きつけ・定着をおこなうための必要性が、人的資源管理が主として展開した時代（1980年代から1990年代）より前述したように21世紀に高まったからとされている．また，人的資源管理論では，「人的資源の管理」に関わる全領域をカバーしているが，タレントマネジメント論では，一部の「人的資源の管理」の領域のみを取り扱っているが，人的資源管理論よりも直接的かつきめの細かい管理の在り方を提唱している．タレントマネジメント論では，採用・定着・能力開発・報酬管理などを主として取り扱っているが，人的資源管理論では，組織文化，従業員管理，健康・安全管理など多様な管理職能を担っている［伊藤・田中・中川・2002］．すなわち，人的資源管理論は，人的資源の管理職能を取り扱っているが，タレントマネジメントでは，戦略的に価値の高い人材を獲得し，キャリア開発をおこなうことに焦点をあてている［Chuai,Preece and Iles 2008：901-11］．

　前述したように，アメリカの人的資源管理論とタレントマネジメント論の共通点でもあり差異でもある点は，労使関係（Industrial Relations）もしくは労資関係（Capital Labour Relations）についての考慮があまりなされていない点がある．特に，タレントマネジメント論では，当初の議論において対象が全従業員ではなく，組織のエリート層もしくは組織の目標やゴール達成するために高いパフォーマンスを発揮する才能や能力（タレント）を有する人材層のみを対象としているため，労使関係は捨象され論議されることが少なかった．アメリカの人的資源管理論では，従業員の法的な権利の保証，従業員関係管理という形で，部分的とはいえ労使関係的な要素が入る余地が残され［Mathis and Jackson 2007］，アメリカからイギリスに展開した人的資源管理論の諸研究では，「労働組合―経営関係（union-management relations ）」として，非労働組合化など経営的視点から分析がなされている［Bratton and Gold 2003］．

　人的資源管理論において労使関係論が配慮されず，労働組合が無視されている点は，既に日本において島弘教授や長谷川廣教授によって指摘されてきた点である［島編 2000：1-28］．そして島ら［2000］は，人的資源管理論は「日本的経営」，すなわちジャパナイゼーションの影響を強く受け，生成した理論と指摘している．その後，人的資源管理論は日本に逆移転され，成果主義人事制度として展開され，年俸制や総額人件費管理の導入を通して，労働組合の春闘をはじめとした労働運動の基礎を掘り崩すこととなっている（黒田，今村，守屋）．

反面，日本における成果主義人事制度をはじめとした新しい人事制度は，実業界においても日本の学会においても，人的資源管理と呼称されておらず，もともと日本の人事管理には，そうした人的資源管理の概念を包摂されていたという指摘もある［今野・佐藤 2012：12］．これは人的資源管理論が，前述した日本からジャパナイゼーションとして移転とした管理手法をアメリカナイズして，それがまた日本に逆移転したからにほかならないであろう．また，イギリスでは1980年代にジャパナイゼーションが展開し，ジャストインタイム（JIT）などの日本的な生産システムやチームワーク制が導入され，無組合化などが企業において展開され，労使関係の基礎が掘り崩され，人的資源管理の導入・展開の基盤を形成してきたと言えよう［石田・長谷川・加藤 1998］．しかし，そうした労使関係への攻撃に対しても，イギリス労働組合運動は無視することはできず［守屋 1998］，イギリスの人的資源管理論は，組合対策も，包摂することとなったと考えられる．

　タレントマネジメントの組合対策等について，前述してきたように，そもそも論究されている研究があまり見られない．それは，タレントマネジメント論の進展と社会的背景とも深くかかわっており，その点に関しては，次章において分析・論究をおこなうことにしたい．

4．タレントマネジメント論の進展とその社会的背景

　戦略的人的資源管理論には，既に今日の急激な競争環境に適応したタレントマネジメント論への方向性を内包していたという指摘もある［Wright and McMahon 1992］．それは，組織の人的資本の競争的優位性を最大化することへの挑戦は，1990年代の景気後退の中でより重要性を増し，そのために戦略的人的資源管理論において，その模索がなされたと言える．そして，それら戦略的人的資源管理論の模索が，21世紀アメリカ企業の優秀な人材の獲得競争の激化やそれに刺激されたコンサルティング企業の挑戦とあいまって，タレントマネジメント論へと展開していったと考えられる．

　そして，人的資源管理論から戦略的人的資源管理論へと発展したように，タレントマネジメント論も，戦略的タレントマネジメント論へと展開をとげている．戦略的タレントマネジメント論では，タレントを有するトップマネジメント層といった限られた人材のみならず，それ以下の階層の全従業員層にまでも

広く対象とするように展開されている．そして，戦略的タレントマネジメント
論では，戦略的タレントマネジメントを，組織の持続的かつ競争的な優位性を
獲得するための組織的な諸活動とその過程として定義している．そのために，
戦略的タレントマネジメントでは，①そうした競争的優位性を獲得するために
必要な高いパフォーマンスを発揮できる人材を育成し，供給するタレントプー
ル（Talent Pool）を開発すること，②組織への持続的なコミットメントを促進し，
能力を育成する人的資本を能力開発する設計図（アーキテクチャ）を開発し，そ
れにマッチした人事管理をおこなうことを，提唱している［Collings and Mallahi
2009］．

　戦略的タレントマネジメント論にもとづき，戦略的タレントマネジメントの
構造を図式化すると**図8-1**のようになる．世界的な登用，評価，能力開発，
人材戦略を，包括的に，企業戦略・事業戦略に基づいていかにおこなうかが，
戦略的タレントマネジメント論である．戦略的タレントマネジメントは，グロー
バルな企業戦略・事業戦略との連動性が密接であり，重要である．

　戦略的タレントマネジメント・グローバルタレントマネジメントを図式化し

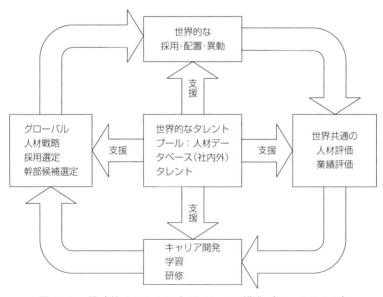

図8-1　戦略的タレントマネジメントの構造（アーキテクト）
出所）筆者作成．

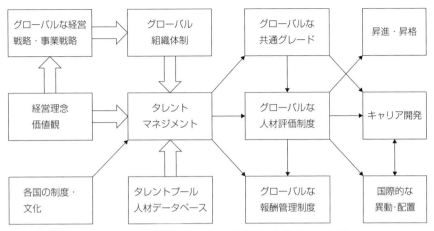

図 8-2　戦略的タレントマネジメントのチャート図

出所）筆者作成.

　たのが，**図 8-2** である．グローバルな経営戦略・事業戦力に基づき，グロー
バルな組織体制が構築され，それらの戦略をグローバルな組織体制の下で達成
するために，戦略的タレントマネジメント・グローバルタレントマネジメント
が構築されることになる．特に，グローバルタレントマネジメントでは，各国
の雇用関連の文化・法制度等に制約されながらも，世界共通のグローバル評価，
グローバルな異動，報酬制度，能力開発などが求められることとなっている．
　例えば，ドイツの製薬大企業のベリンガーインゲンハイムは，2010年に世界
統一基準を定め，日本ベーリンガーインゲンハイムもこの世界統一基準にした
がって人材を採用し，育成する体制を整えている．日本ベーリンガーインゲン
ハイムでは，世界統一基準での採用・評価・能力開発をおこなうために，「タ
レントマネジメント部」を設置し，世界的な人材交流・キャリア開発をおこなっ
ている．グローバル社員育成のための多様な人材開発プログラムを用意し，中
堅社員を対象に，担当業務から半年間離れ，海外法人やNPOなどの社外の組
織に在籍し，異文化体験をおこなう「留職」研修などを実施している．日本法
人の経営者層向けの全世界向けの研修は，年 3 回，10日間程度ドイツの本社で
おこなわれ，企業戦略，リーダーシップ，コーチングなどを学んでいる．また
ベリンガーインゲンハイムでは，管理者層について言えば，全世界2000人の管
理職が，アジア，ヨーロッパという各地域ごとに集まって研修をおこない，リー

ダーシップ等について学んでいる[7].

次に，タレントマネジメント論やタレントマネジメントの進展の世界的な社会背景について論究・考察をおこなうことにしたい．

海外企業へのタレントマネジメントの普及とそれに連動したタレントマネジメント論の展開・進化は，グローバル化の更なる発展，ICT（情報通信技術）分野の革新的なベンチャー企業や新興国の台頭など経営環境の急激な変化による優秀な人材の不足に起因している．グローバル化によって1989年以降，中国，インド，ロシア，ブラジル，ASEAN，東欧諸国が世界経済市場に大きく参入し，世界経済の規模を，1989年から2007年にかけて2.5倍に拡大させ，世界市場の統合にあわせて，拡大する新興市場ニーズをとらえることがより求められている［ヘイコンサルティンググループ 2007］．それゆえ，ここでの不足する優秀なタレントを有する人材とは，急激な発展をみせる新興国に対応する経営者や管理者などの人材やICTの急速な技術革新やバイオ等の革命的な発展を見せる分野に対応した経営者・管理者・技術者などの人材と言えよう．

こうした優秀な人材の不足に対応するために，国レベルでは，頭脳立国競争が激化し，企業レベルではタレントマネジメントが進化・展開されることとなっている．国レベルでは，より優秀なタレントを有する人材を，自国に集めるために，優秀な外国人の高度人材の受け入れ政策や優秀な外国人留学生の受け入れ政策，それに対応したシリコンバレー等の研究開発拠点づくりをおこなっている．また，企業レベルでは，グローバル競争の中，多国籍大企業は，世界に展開し，世界レベルにおいて優秀なタレントの人材獲得競争をおこなうこととなり，急速に変化する世界的な経営環境にマッチした優秀人材の確保・定着・能力開発をおこなうタレントマネジメントを考案し，実施する必要に迫られてきている［守屋 2007］．

しかし，国レベルの頭脳立国競争は，世界的に優秀なタレントを有する医師，技術者，看護師等の人材が，発展途上国から先進資本主義国に移動し，途上国の発展が阻害されたり，深刻なダメージを与えることともなっている．また，多国籍大企業における世界的なタレントマネジメントの展開は，世界的なレベルにおける人材獲得競争と同時に，世界的な労働市場レベルにおける人材間競争をも激化させている．また，多国籍大企業のグローバル化によるタレントのある人材と定型的な労働等のタレントを必要としない職務を担う人材の中に，二極化階層化を進展をさせている［守屋 2007］．

　Freeland［2012］は，前述したグローバル化とテクノロジー革命による経済変化によって，世界的に所得間格差が拡大し，世界の労働市場が二極化していることを指摘している．そして，Freeland［2012］は，この労働市場の二極化において，グローバル化とテクノロジー革命によって大きな富を手にする層を分析し，それらの層の中に社会に幅の広い影響を及ぼすニューテクノロジーにいち早く目をつける先鋭的なエンジニア層（アルファギーク）が大きな割合で含まれていると述べている．Freeland［2012］は，アルファギークの台頭が著しいのは，シリコンバレーやバンガロールであり，アルファギークは，テクノロジー分野における貴族階級であると論述している．そして彼は，こうしたテクノロジーやグローバル化の分野において豊富なタレント（才能）を有する人材が，大きな富を手にする反面，先進資本主義国において多くのミドルクラスが没落し，低賃金層が拡大する傾向があるとも指摘している．

　こうした知識経済への移行によって知識労働者が優位を占める社会の到来は，既にドラッカー［1959］が1950年代に公刊した『変貌する知識社会』において指摘した点であるが，21世紀初頭のこの時期に，なぜ多国籍大企業がタレント（才能）を有する技術開発者，管理者，トレーダー等を，選別的にあえて採用・確保・定着をはかる「タレントマネジメント」に注目が集まることになったのであろうか．その理由としては，①ICTによって地球をワンワールドにネットワーク化する世界の変容と技術革新のスピードの加速化，②タレント（才能）を有する人材が生み出す特許や管理能力，アイディア等が，企業の世界的な優位性を獲得・確保する上で，重要な競争力の源泉となっており，タレント（才能）を有する人材と企業との関係が対等，もしくは才能ある人材が他企業に転職したり，起業したりしてしまうという可能性の上では，それ以上になっている点がある．

　タレント（才能）がある人材が，登用され優遇される反面，定型的な労働を担う人材等は，低賃金によりおいやられることとなる．そうした二極化は特に，グローバルシティにおいて顕著にあらわれている．

　Sassen［2001］は，グローバルシティたる東京，ロンドンを事例として，グローバルな管理能力を有する管理者・経営者やグローバル資本に奉仕するトレーダーや会計士・弁護士といったタレント（才能）を有する高額所得者を生む一方で，膨大な低賃金労働者を生み出すことを明らかにしている．今日，ICTのネットワークの発展によって，オフショア・アウトソーシングに代表される世

界的な経済および労働の分散化が進みつつある［夏目 2014］．その反面，Sassen
[2001] によれば，グローバル化によって経済活動が世界的規模で分散化するに
したがって，中心の管理・支配はより強化され，グローバルな管理能力を有す
る管理者・経営者の一群や国際的な法律・会計サービス，経営コンサルティン
グ，金融サービスが，グローバルシティに集まることになっている．

　次章以降では，そうしたタレントマネジメントの日本企業への導入・展開の
実態について紹介・考察をおこなうことにしたい．

5．小　結

　以上，タレントマネジメントの定義，人的資源管理との比較，その生成・展
開の社会的背景や問題点，日本企業への導入などについて，多面的な角度から
論述をおこなってきた．本章の第1節で，掲げた研究課題について，答えるこ
とにしたい．

　タレントマネジメントは，これまでの「人に関する管理」に関する歴史的展
開においてどのような位置にあるのだろうか．科学的管理法から人事管理論に
至るまで，「人に関する管理」の対象は，他と代替可能な労働力であったと言
える．それが人的資源管理論では，管理対象が他の代替できない人的資本とさ
れ，全従業員がその対象とされた．タレントマネジメントでは，当初，その管
理対象が,企業に高い競争優位性をもたらすタレント（才能）のある人材となり，
人的資源管理が対象とした人的資本を更に絞り込んだ層となっていた.その後,
タレントマネジメントでも，全従業員を対象に，個々の従業員のタレント（ス
キル・行動特性・異文化適応力・言語力など）に適応した配置・人材育成・能力開発・
後継者育成として展開している．このように，タレントマネジメントを，管理
対象設定の歴史的変遷から見れば，「労働力⇒人的資本⇒タレントを有する人
材」と変化したと言えよう［渡辺 2002］．

　次に，タレントマネジメント論と人的資源管理論の関係性について考察をお
こなうことにしたい．アメリカにおいて，人事管理論と人的資源管理論の関係
性のように，人事管理論に代替するものとして，人的資源管理論は世界に普及
を果たしている．しかしこれまでの考察を通して,タレントマネジメント論は，
人的資源管理論に代替し，人的資源管理論に変わって，世界に普及するものと
は考えにくい．

　むしろタレントマネジメント論はこれまで論述してきたように，人的資源管理論と主要機能（採用・配置・定着・能力開発等）では重なるものの，人的資源管理論のように人に関する全管理機能を有していない．それゆえ，人に関する全管理機能を担う人的資源管理論を強く補完するものとして機能するものと考えるのが適当かと思われる．反面タレントマネジメントは，全従業員を対象とするものとして，人的資源管理の多くの機能を包摂するものとしての主張もあり，かつ，人的資源管理論とは，異なる新しい人間観を有するパラダイムを提起するという指摘もある．新しい人間観とは，全従業員をかけがえのない代替できない人的資本として見て，全従業員を管理対象とする人的資源管理論に対して，タレントマネジメントでは，するどくタレントに着目して，選抜し，採用・配置・能力開発・後継者育成をおこなおうとする人間観である．現状，タレントマネジメントは，人的資源管理の補完する管理としての理解が正しいものであると判断されるが，タレントマネジメントの定義そのものが明確でないだけに，タレントマネジメント論の今後の展開について注目することにしたい．

　日本企業へのタレントマネジメントの導入は，前述したように①経営的観点から見れば，日本企業が「遅れている」グローバル化への制度的適応を促進するためのグローバル人材の採用・確保・定着・能力開発を必要する側面があり，難しいグローバルな採用・配置・育成の大きな助けとなったり，特に，コア人材の選抜・能力開発・育成，特に後継者育成を行うと同時に，「人材の見える化」による数値に基づく科学的人事管理制度を展開する可能性を広げたといえる，また，②労働者の観点から見れば，旧来型の「見えない人事制度」のもとでの数値に基づかない「勘」に頼った人事制度からタレントマネジメントを導入し転換することで，より機能的・合理的に働くことを可能とし，早くからの選抜的な人事によって，自らの能力を伸ばす可能性を広げてくれたこととなる．

　タレントマネジメントによって，日本企業はICTと連動させながら，人材のタレントの可視化を通して，職群的な管理から個別的管理により進む道を選ぶかもしれないし，そうでないかもしれない．従業員はタレントマネジメントシステムによって，モチベーション，職務満足など様々な個人情報を人事部によって把握され，しっかりサポートされると同時に，自らの可視化されたすべての情報を知らずに管理されることとなる可能性も高まる．この場合，タレントマネジメントシステムの制度設計において，経営者層・人事部・上司がもつ人事情報と場合によっては本人に開示されない人事情報の非対称性をいかに解消す

るかも大きな課題となるやもしれない.

注
1） タレントマネジメント論に関する先駆的な学術なレビューとしては，厨子［2009：116-117］や柿沼［2012：125-30］.
2） 「人に関する管理」に関しては，管理の対象が，労働力なのか，職務なのか，人の意識をも含む人間そのものなのか議論のわかれる点であり，欧米，日本の「人に関する管理」のありようによって議論もわかれる点でもあり，この点に対しては，労働力，職務，人の意識をも含むものとして，「人に関する管理」をとらえることにしたい.「人に関する管理」に関する論議に関しては，浪江［2010］参照.
3） 日本における「人に関する管理技法・管理制度に関する研究」といった経営学の展開については，経営学史学会編［2003］などを参照.
4） アメリカ・日本の「人に関する管理」にも関わる経営学の系譜に関しては，経営学史学会監修［2013］参照.
5） タレントマネジメント論の学術的な歴史展開については，柿沼［2018：89-98］参照.
6） 「独ベーリンガー，人材評価基準，世界で統一」『日経産業新聞』2010年11月22日，13頁.
7） 「ベーリンガー日本法人社長鳥居正男氏――グローバル人材育成推進」『日経産業新聞』2013年12月18日，19頁.

第 9 章

外国・在日外資系企業における
タレントマネジメントの展開

1. 外国・在日外資系企業におけるタレントマネジメント研究
の課題

　次に，外国企業と在日外資系企業におけるタレントマネジメントについて，先行研究から紹介・考察をおこなうことにしたい．

　21世紀以降，様々な国の企業においてタレントマネジメントが導入されている．それぞれの国およびその国の外資系企業の企業文化，それまでの人事制度，労働慣行，組織編成原理などのコンテキスト（文脈）の中で，タレントマネジメントも展開されている．

　特に，グローバリゼーションは，国境を越えた貿易と直接投資を促進し，BRICsと呼ばれる新興国の発展と同時に，競争とイノベーションをもたらすこととなっている．そして，このような状況の中で，BRICsと呼ばれるブラジル，ロシア，インド，中国では，IT技術者，経営幹部層などが不足することとなった．BRICsの経済発展は，IT技術者や経営者等のタレント人材の活躍にかかっているし，それぞれの国において展開する外資系企業にとっても同様である．

　東アジアについてみて見れば，中国の大国化と台湾，マレーシア，インドネシア，ベトナム，カンボジア，タイ，ミャンマーなどのアセアン諸国の成長が著しく，それらの諸国においてIT人材や起業をする経営者人材が求められている．特に，中国は，巨大な商品・労働市場が急速に発展した魅力的な市場であり，かつ，グローバルタレントマネジメントの先行研究が数多く展開されてきている．

　本章では，まず先行研究から海外各国のタレントマネジメントについてみることにしたい．そのうえで，先行研究の検討とオリジナル・ヒアリング調査から日本の外資系企業とその親会社のグローバルタレントマネジメントについて，紹介・分析をおこなうことにしたい．

2. 海外におけるタレントマネジメント
——海外の先行研究の検討から——

　海外の「タレントマネジメント」において重要な要素として，タレントマネジメントが「組織への優れたタレント人材の選抜・キャリア開発・定着・登用」がコア概念である以上，各国の人間関係原理・問題解決原理となる文化的コンテキストがもう1つの大きな鍵となってくる．例えば，中国の「グワンシ (GUANXI:相互的互恵関係)」［ツェ・吉田 2011］があり，ブラジルの「ジェイチーニョ (Jeitinho：臨機応変的解決法)」などがある．

　上記のような点を念頭におきながらブラジルにおけるタレントマネジメントの事例研究を見ることにしたい．

　ブラジルのボルボ社のトラックの新製品開発の事例研究を見ることにしたい（本調査は，29の半構造化インタビュー調査によるもので，この事例調査研究では，前述したブラジル独特の「ジェイチーニョ」からタレントマネジメントを考察している）．ジェイチーニョは，ブラジル独特な文化的特性であり，この概念は人類学的，社会学的，心理学的分析に使用されている．ジェイチーニョは，様々な困難な社会状況に対して社会的ルールを時に逸脱してでもその困難な状況を乗り越える「巧みな回避」と解釈されたり，ブラジルの過度な形式主義・規則主義に対処するための戦略として解釈されたりしている．ブラジルのボルボ社の事例では，このブラジル独特の「ジェイチーニョ」を活用することで，新製品開発が上手くなされている［Ariss ed. 2014：121-40］．

　タレントマネジメントにおいて，それぞれの現地においてタレント人材を活用する上での大きな要素として，中国の「グワンシ」があり，ブラジルのジェイチーニョを身につけていて，それを活用して，問題を処理できる人材に育成できるかが，大きなポイントとなる．

　このように，グローバルタレントマネジメント研究には，タレントマネジメントの国際比較研究といったアプローチの研究も存在する．

3. 日本の外資系企業のタレントマネジメント
——先行研究の検討とオリジナルヒアリング調査から——

(1) 外資系企業のタレントマネジメントの先行研究の検討
　次に，日本の外資系企業のタレントマネジメントに関する先行研究について

みることにしたい.

　日本の外資系企業のタレントマネジメントに関する先行研究としては,石山・山下［2017］「戦略的タレントマネジメントが機能する条件とメカニズム——外資系企業と日本企業の比較事例研究——」『日本労務学会誌』（18（1））がある.石山・山下［2017］がある.同研究では,戦略的タレントマネジメントを基礎にアメリカもしくはEUに本社を有し日本で展開する外資系企業（A社,B社,C社,D社,E社,F社,G社,H社,I社,J社,K社）11社を対象として定性的調査をおこない,11社中,10社で,タレントマネジメントを実施しており,かつキーポジションの選定をおこなっていた.このキーポジションとは,事業戦略に影響を与えるコア人材の「戦略ポジション」を指している.このキーポジションの要件定義が決まると,人物像が決定され,タレントプールから対象者を決定し,集中的な育成とキーポジションへの登用が行われることとなる.石山・山下［2017］は,このキーポジションの要件定義,人物像の決定,タレントプールにおける選抜,育成,登用」は企業負荷が高いと指摘している.この調査では,調査した外資系企業中,10社がタレントマネジメントを実施しており,キーポジションの選定をおこなっていた.そして,キーポジションの選定をおこなっている10社すべてが,キーポジションの職務定義をおこなっていた.対象階層は,上位2階層以上であり,部長層以上であった.この10社のうち6社では,文化適合と呼べる自社の企業文化と人材の合致が重視されていると指摘されている.また,タレントプールで選抜,登用,育成までおこなっている企業も6社であった.石山・山下［2017］は,外資系企業において戦略的タレントマネジメントが機能するためには,「独自のビジネスモデルと文化適合を包摂する企業特殊性を埋め込み」,「ブロック図の活用による人事評価の可視化」,「タレントレビュー会議の意思決定への経営陣の密接な関与」をあげている.

　上記のような日本の外資系企業のタレントマネジメントの先行研究の到達点を確認しながら,筆者のおこなったヒアリング調査からアメリカの外資系企業とドイツの外資系企業のタレントマネジメントについて紹介をおこなうことにしたい.

（2）アメリカの外資系企業Z社へのヒアリング調査
1）リーダー人材（キーポジションにつくコア人材）へのタレントマネジメント
アメリカの多国籍巨大企業であるZ社に関する筆者独自のヒアリング調査か

ら詳しく紹介・考察することにしたい.

このZ社は, 60カ国に300社以上のファミリー企業を擁する巨大多国籍企業であり, 全世界で15万人以上の雇用をおこなっている.[1]

世界的なZグループの中において東アジア地域では, 統合された経営がなされている. 東アジア地域は, 日本, タイ, インドネシア, フィリピンを含んだ9カ国で構成され, より小さな市場から中規模市場におけるより効率的, 効果的な操作をすることで市場優位を図っており, その地域統括本部は日本におかれている. 21世紀段階まで, Zグループでは「分社分権化経営」に基づいて各国のカンパニーがそれぞれの経営戦略に沿った人的資源管理を行い, 独立した状態であったが, 組織改革でサプライチェーンや人材管理などの間接的なマネジメントでは世界的な統合が進められており, システムの標準化が行われ全社的なグローバルタレントマネジメントが実施されるようになってきている. システムの統合が行われることで, 間接的管理に負担があったコストを省き, イノベーションに更に投資していくことができるようになった. しかし, その一方で, 営業など各国の市場の特殊性に直接的に関わる部署では, これまで通り地域ごとのやり方を優先している. 分社分権化経営やそれぞれ各国の市場の特殊性に対応した機能は残しつつも, サプライチェーンやグローバルタレントマネジメントといったコア機能は統合している.

Z社でのヒアリング調査では, タレントマネジメントは会社の経営戦略に大きく関わっている. 戦略を実践させるために, いかにタレント人材(キーポジションにつくコア人材)を育成, 配置すべきかを考えるのが, 人事部全体の大きな課題であるとのことであった.

Z社では, 10％に満たないリーダー人材(キーポジションにつくコア人材)を担当する部署と全社員を担当する部署がわかれている. リーダー人材(キーポジションにつくコア人材)を担当する部署は, リーダー人材(キーポジションにつくコア人材)を早い段階から選定し, 少しでも早くキーポジションにつく人材として活躍してもらうために様々な機会を提供している.

リーダー人材(キーポジションにつくコア人材)の評価は, 業績とリーダーシップ等のコンピテンシー指標によって選別されることとなる. Z社では, リーダー人材(キーポジションにつくコア人材)は3階層にわかれている.

人材情報は, 当初, 各国のカンパニーがそれぞれ人材データベースを有し, 世界のZグループ内でシステムが乱立していたが, 2012年より各国の人材デー

タベースが世界的に統合され，世界で1つのデータベースが構築されることとなった．人材データベース統合の目的はやはり，グローバルエリアでの人材の流動性とパフォーマンスを高めることを目的とした．そして，世界で1つの人材プールを構築・活用することで，人材のリソース配分を最適にすることを目標としている．

このZ社の外資系企業（日本法人＆東アジア地域統括本部）では，リーダー人材（キーポジションにつくコア人材）を，世界的な人材プールによる「人材の可視化」を通して，選抜し，計画的に育成し，計画的に，キィポジションへの登用をおこなっている．先行研究の石山恒貴・山下茂樹［2017］に示されたように，タレント人材（キーポジションにつくコア人材）の選抜，育成，評価おいては，Z社固有の企業文化への適合性と東アジア地域における事業戦略を遂行できるコンピテンシーや実績から「タレントレビュー会議の意思決定への経営陣の密接な関与」を通してなされている．

Z社のタレントレビュー会議としては，トップマネジメント層と事業部のトップ層が集まり，後継者を決定する議論をおこなっている．候補者は全社共通のテンプレートで評価され討議対象とされる．タレントレビューはカンパニー，国内全カンパニー，アジア・パシフィック地域，全世界レベルでおこなわれている．そして，サクセッションプランニングで後継者候補となったコア人材の育成をおこなっている．個人別のキャリア開発プラン設定がなされ支援がおこなわれている．例えば国内外のビジネススクール短期プログラムへの派遣，エグゼクティブ開発プログラムの受講，アメリカやアジア・パシフィックで開催されるトレーニングや現プロジェクトチームへの参加等々など多岐にわたっている．

しかしながら，日本法人からアメリカ本社，または第三国への派遣はまだ少ないのが現状である．真のグローバル企業となるためには，本社と海外ファミリーカンパニーとの繋がりはもちろん，海外ファミリーカンパニー同士の人材の異動と人材交流（コミュニケーション）がより活発におこなわれなければならない．そのためにZ社では，本社の許可を取らずともアジア，パシフィック地域のファミリーカンパニー間との人材交流（コミュニケーション）が実施できるようになっている．

リーダー人材（キーポジションにつくコア人材）の人事評価・育成に関しては，短期的，長期的な2つの目線から人事評価がなされ，その社員にとっての最適

な環境はどのようなものか，さらに成果を出すためにはどうしたらよいかが，担当部署において細かく話し合われている．

　Z社のリーダー人材（キーポジションにつくコア人材）で求められるコンピテンシーとしては，グローバル・リーダーシップがある．Z社のグローバルリーダーの行動規範は，「導く」，「明確に示す」，「繋ぐ」，「意思のシェア」の4つの軸で構成されている．そして，Z社のリーダー層は，トップマネジメント層，シニアマネジメント層（経営トップに直接報告する層），ラインのマネジャーの3層から成り立っている．

　Z社の外資系企業（日本法人＆東アジア統括地域本部）が，グローバルタレントマネジメントを実施していく上が抱える課題は，マネジャーの能力を向上させることである．部下を持つマネジャーがリーダーシップを発揮し，Z社の行動規範である「導く」，「明確に示す」，「繋ぐ」，「意思のシェア」をしっかりおこない，部下への機会を更に増やすこと，上位層のリーダーが下位層の後継者となり得るタレント人材を育成してゆくことが重要課題である．

2）Z社における全従業員を対象としたタレントマネジメント

　Z社におけるタレントマネジメントとは，「首尾一貫して全世界同一基準で統合され，採用された一連のプロセス，管理手法および各種ツールの総称のことであり，これにより全従業員の中から，ビジネスの目標達成と会社の成長を実現できる人材を獲得し，活用し，開発し，動機付け，そして維持することができる」ものと定義している．

　Z社においては，リーダー人材（キーポジションにつくコア人材）のタレントマネジメントを担う部署とは別に，全従業員の能力・キャリア開発等の全従業員版のタレントマネジメントを担う部署を設けている．

　それは，2004年以降，タレントマネジメントを全社一眼となって取り組むべき最重要経営課題のひとつであると定義し，その適応範囲を全社員まで広げたからである．以前のZ社ではタレントマネジメントを後継者育成のことのみととらえていたが，今日では，人事の実務のほとんど全てをタレントマネジメントと定義している．しかしながら，タレントマネジメントの中核は，リーダー層の後継者育成であるため別部署を設けて対応をおこなっている．

　そして，Z社では，全社員育成に関しては，新卒新入社員の入社時研修以外は，個人別に必要な教育・能力開発を判断する個人別カフェテリアスタイルを採用

している．これは，取り扱い商品点数の多いZ社において，事業部・担当商品別に教育・能力開発が異なってくるからである．そして，Z社では，社員は一人ひとり自ら成長目標を設定しながら，必要な教育を受けられるように配慮がおこなわれている．Z社の能力開発・キャリア開発プランは，それぞれの社員の自己の将来像への展望が重視されるシステムがあり，会社は個人のキャリアに対する主体性を尊重している．そして，Z社では，社員の能力開発については，多様な研修プログラムも存在する．社員自ら設定した目標に近づくために，積極的にプログラムに挑戦できるシステムが存在する

　Z社における全従業員向けのタレントマネジメントにおいての課題は，全社員のマインドセットをしっかりおこなうことである．東アジア地域のみならず全世界での人材異動や人材交流を積極的にすすめるためには，アジア・パシフィック地域のみならず世界レベルで一体的に活動してゆくため，グローバルで活躍できる人材を増やしていかなければならない．現時点では，英語を使いながら仕事をする機会が多いとは言えない．特に営業職の社員はローカル地域で働き続けている人も多いため，英語力を高めるモチベーションが上がりにくい．そこで，働く中で英語を使う機会をどうやって増やすか，グローバル人材としてリーダーシップを発揮するマインドをいかに育てるかが課題になっている．具体的な取り組みとしては，営業職であれば長年同じ職種，職場で働いている社員にマーケティング職など他の職種を経験させることが挙げられる．戦略的に人材を動かしていく考え方がここにも覗える．

（3）ドイツ系多国籍製造巨大企業のH社へのヒアリング調査

　次に，ドイツ系の外資系企業H社へのヒアリング調査からそのタレントマネジメントについて紹介・考察をおこなうことにしたい[2]．

　H社は，国際的なテクノロジーグループであり，130年以上にわたり優れた研究開発や素材と専門技術を蓄積し，多岐にわたる高品質な製品とインテリジェント・ソリューションを提供し，家電，医薬品，エレクトロニクス，光学，自動車，航空機など多くの産業にイノベーションをもたらしている．ヒアリング調査先は，日本法人と親会社のタレントマネジメント担当者であった．

　H社は，全世界規模でビジネスを展開し，本社がドイツであり，アジアの統括地域本部がシンガポールにあり，アメリカ地域の統括本部がブラジルに存在している．人材の採用はローカル採用と並行して，全世界でグローバル採用を

実施し，グローバルタレントマネジメント採用をおこない，世界規模での人員の配置をおこなっている．

　そして，優れた人材をグローバルタレントプールの中から可視化し，人材を早くから選抜・教育訓練・配置・昇進をおこなっている．アメリカ系多国籍企業のZ社に比較すると工学系の企業であり，製品の専門性が高いためそもそもタレントプールの優秀人材の男性比率が高く，結果として，リーダー人材（キーポジションにつくコア人材）も男性比率が高くなっている．それは，H社の工学系の特殊技術に特化した製品構成にも大きな影響があり，工学系の博士号を有する人材そのものに世界的に男性比率が高いことが起因している．

　後述する日本多国籍大企業の事例では，ダイバシティマネジメントとグローバルタレントマネジメントが一体化して展開されているが，そもそも日本の多国籍大企業において女性管理職比率が国際水準的に極めて低いため，2つの異なるダイバシティマネジメントとグローバルタレントマネジメントが一体化できるともいえる．

４．小　結
―外国・外資系企業におけるタレントマネジメントの展開の含意―

　以上，先行研究の紹介・検討や筆者のオリジナルなヒアリング調査から外国・外資系企業におけるタレントマネジメントの展開について論じてきた．本章において明らかになった点を，本章の「まとめ」として，列挙しておきたい．

　まず，海外のタレントマネジメント研究からくる含意としては，外国企業のタレントマネジメントからの含意――各国の文化的コンテキストからくる文化的影響の大きさがある．それは，タレントマネジメントそのものコアとなるものは，人の選抜・登用・人材育成・後継者育成を図るものであるから，人に関わる海外各国の文化的コンテキストの影響を受けることとなるからである．

　日本の外資系企業のタレントマネジメントに関する先行研究の紹介・検討からくるポイントとしては，外資系企業において，戦略的タレントマネジメントが機能するためには，「独自のビジネスモデルと文化適合を包摂する企業特殊性を埋め込み」，「ブロック図の活用による人事評価の可視化」，「タレントレビュー会議の意思決定への経営陣の密接な関与」がある．この点は，「タレントマネジメント」の日本への導入において，外資系といえども，単に移転するだけでは，その組織に有機的に働かないことを指し占めた重要な指摘である．

　アメリカの多国籍巨大企業であるZ社に関してヒアリング調査からわかった
ポイントは世界の人材データベースを統合し，グローバルエリアでの人材の流
動性とパフォーマンスを高めることを目的とした世界で1つの人材プールを構
築・活用している点があげられる．そしてZ社では，リーダー人材（キーポジショ
ンにつくコア人材）を，世界的な人材プールによる「人材の可視化」を通して，
選抜し，計画的に育成し，計画的に，キーポジションへの登用をおこなってい
る点にも注目をおこないたい．Z社のタレントマネジメントは，アメリカ型の
グローバル多国籍大企業におけるタレントマネジメントの祖型であるといえ
る．それゆえ，Z社のタレントマネジメントは，次章以降で紹介する日本多国
籍大企業のグローバルタレントマネジメントとの比較対象において，大きな意
味を有している．

　ドイツ系多国籍製造巨大企業のH社へのヒアリング調査では，登用における
男性優位の点の指摘は，興味深いものであった．この点は，ドイツ系多国籍企
業と日本の多国籍企業の共通的問題であるともいえる．それは，製造産業を中
心とした日独の資本主義構造に起因するものであるともいえる．これに対して，
アメリカ資本主義の中心産業は，ICT産業といった形で，旧来型の自動車等の
日独の資本主義構造と異なっており，その点が，タレントマネジメントにおい
ても反映していると推測される．

注
1 ）　2015年から2018年にかけての3回にわたるZ社のタレントマネジメント担当者へのヒ
　　アリング調査による作成した．
2 ）　2015年から2018年にかけて5回にわたるH社のタレントマネジメント担当者へのヒ
　　アリング調査による．
3 ）　この点に関しては，石山・山下（2017）を参照．

第10章

日本多国籍大企業のグローバル
タレントマネジメントと人材育成

　次に本章では，日本多国籍大企業のグローバルタレントマネジメントと人材
育成についてみることにしたい．まず先行研究から，日本多国籍大企業のグロー
バルタレントマネジメントから日本多国籍大企業のグローバルタレントマネジ
メントの特徴について整理・考察をおこなうことにしたい．そのあと，日本多
国籍大企業のタレントマネジメント導入の推進役となっている日本におけるタ
レントマネジメントのパッケージアプリケーションの展開状況の紹介と考察を
おこなうことにしたい．その上で本章では，日本多国籍製造大企業のグローバ
ルタレントマネジメントの事例を紹介し，更なる分析をおこなうことにしたい．

1．日本多国籍企業のグローバルタレントマネジメント分析の視点

　日本多国籍企業において，グローバルタレントマネジメント展開している企
業の特徴について，柿沼［2015a］では下記のような整理をおこなっている［柿
沼 2015a：18］．

　柿沼［2015a］は，グローバルタレントマネジメントを導入している日本企業
のタイプとして，① 伊藤忠商事，日産自動車，日立製作所などのグローバル
事業を展開するものと，② カルソニックカンセイ，川崎重工業，サイバーエー
ジェント，資生堂などの事業領域において，売上・市場シェアで上位を占める
ものと，③ 中外製薬，日本板硝子，日本テトラパックなどの海外企業との資
本関係，親会社，子会社関連，戦略的提携のむすびつきの強い企業，④ エー
ザイ，花王，武田製薬，三菱ケミカルホールディングスなどの製造業，とりわ
け化学産業に区分される企業であることの4タイプに分類をしている．

　グローバル事業を展開し，かつタレントマネジメントを導入し上手く活用し
ている多国籍日本大企業は，グローバル人材の育成・配置のための可視化や世
界単一的評価基準の設定と世界規模での評価・処遇・キャリア開発，さらには，
グローバルリーダー人材（キーポジションにつくコア人材）の選抜,育成,評価といっ
た点からグローバルタレントマネジメントを実施していると考えられる．また，

海外企業との資本関係，親会社，子会社関連，戦略的提携のむすびつきの強い企業は，海外企業がすでにグローバルタレントマネジメントを導入しており，その関係からグローバルタレントマネジメントを導入したというケースが多いように見受けられる．

その中でも，日産自動車はグローバルに事業を展開し，かつ海外企業ルノーとの資本関係があるという意味では，グローバルタレントマネジメントとより適合的な多国籍大企業といえる．それゆえ本章の第4節において，日産自動車については，先行研究等から言及をおこなうことにしたい．

そして柿沼［2015a：20］は，グローバル人材や次世代リーダーの育成・確保の色彩が濃いものとして認知し，日本におけるタレントマネジメントおよび，タレントマネジメント論が，本源的に主張している広義のものではなく，「(a)企業組織におけるタレントをグローバル人材や世代的リーダーに限定した，あるいは (b) 人事情報データベースを活用した人材の可視化に過度に注目した『狭義の』タレントマネジメントである可能性が考えられる」と指摘している．

そして柿沼［2015a：21］は，「タレントマネジメントの本源的な意図は，経営戦略に規定される重要職務（キーポジション）に着目した適時適量の人材配置を可能にする統合的マネジメントによって，企業業績に貢献するものであると指摘している．

海外企業や外資系企業のタレントマネジメントでは，柿沼［2015a］が指摘するように，タレントマネジメントが重要職務（キーポジション）に着目した適時適量の人材配置におこなう統合的マネジメントとして機能されてきているが，日本の多国籍大企業では，旧来型の日本的な人事システムに，欧米的なタレントマネジメントを部分的すなわち人事情報データベースの活用や企業組織におけるタレントをグローバル人材や世代的リーダーに，まずは特化して導入され，その後，日本企業それぞれの文化的・政治的力学のコンテキストの中でタレントマネジメントのその企業にあった最適化が図られつつあることが想定される．

また，柿沼［2015b］では，タレントマネジメントの日本型人事制度への含意として，「必要なタレントを主体的に創りこんでいく『適者開発』の考え方への移行」を指摘している．柿沼［2015b］は，日本の長い重層的な競争を勝ち残る「適者生存」的考え方からや長期雇用の枠組みでは，年功的に下から上への管理者層に登用する「適者生存」的な考え方が主流であったとしている．この

ような日本型人事制度に対して，タレントマネジメントでは，重要な職務とその要件定義を規定することで，それにあう人材を若年層の中からあえて早期に高収入で登用することも可能とする「適者開発」への転換的な視点に立つと指摘している．近年，様々な日本企業でも，若手の抜擢人事がすすんでおり，タレントマネジメントからの影響とも見ることができる［柿沼 2015b：49-60］．

　また，柿沼［2015b］では，「人材と働き方の多様化が進むなかで要請される，雇用区分や組織の境界を意識しない柔軟な人事管理のあり方である．正社員としての新卒一括採用と長期雇用を前提に置く旧来の日本型人事管理とは異なり，タレントマネジメント論においては雇用区分や組織の境界があまり意識されていない．あくまでも重要なのは重要職務への適材配置であり，極端な表現をすれば，適材であれば非正規雇用者でも他社に勤務している人材でも登用をいとわないという考え方」［柿沼 2015b：56］として，日本型人事管理制度が，正規雇用と非正規雇用の硬直的なあり方からタレントマネジメント的な新発想による人事管理制度の転換を主張している［柿沼 2015b：56］．

　欧米のタレントマネジメントの日本多国籍大企業への最適化の流れの中で，有益な示唆を示してくれる研究が，平野光俊『日本型人事管理――進化型の発生プロセスと機能性――』（中央経済社，2006年）である．平野［2006］は，青木昌彦の比較制度論に基づく「組織モードの相対原理」に着目し，「人事情報のコスト」をキー概念として分析をおこなっている．本書において注目をしたいのは，日本企業における人事情報の管理を巡る結論である．

　平野［2006］は，「日本企業の本社人事部は，採用，昇格，配置など人事の系統的な管理をひとつのオフィスで，一元的に集中して管理しておこなってきた．主要な活動は社員個別の人事情報を集中し活用することであった．このことは，また，人事情報のライン偏在に付随して生じる費用，つまり，ライン管理職の人事情報の非開示インセンティブに由来する人材の抱え込みといった人事情報の非対象性費用を節約することの効果的な対応であった．同時に，日本企業は粘着性の高い人事情報の蓄積に相当の費用をかけてきた．つまり，人事スタッフの人事情報の処理向上に関わるトレーニング費用や，本社人事部の人事情報に付随する費用といった人事情報の粘着性費用を容認してきた．」［平野 2006：228-229］と結章において論述している．

　また，上林・平野［2019］において，平野光俊は，今日の日本企業の特徴として，「職能資格制度と人事権人事部集中」と「役割等級制度と人事権ライン

分権」が補完的に存在していると指摘している［上林・平野編 2019：37］.

　タレントマネジメントは，日本企業にとって，ライン管理職もしくは人事部が握ってきた人事情報を様々な手段（相互のアクセスと情報共有）によって，相互に「人事データ分析の科学化」＆「可視化」することを通して，人事部とラインとの人事情報の非対称性を解消する可能性を有している点に注目をしたい．人事部への情報の集中と現場による人事情報の独占・隠匿という矛盾を，タレントマネジメントの「人事データ分析の科学化」＆「可視化」と同時に，現場への分権をすすめ，現場レベルの後継者育成を計りながら，タレント人材へのキャリア・デザインや個別の能力アップのための研修を図ることで，解消する可能性を秘めているといえよう（図10-1）.

　本書では，前述したタレントマネジメントの導入による日本型人事管理制度の変化を，「職能資格制度から職務等級制度あるいは役割等級制度という等級といった一定の『層』を想定した社員格付け原理」から人事情報データベースやクラウド化等された人事情報システムの活用によるグローバル人材，次世代リーダーといったキーポジションを担うコア人材をより従来よりも積極的に選抜・育成・登用する新たな「人事データ分析の科学化と可視化」と「現場レベルでの後継者の積極的選抜と育成」による「社員格付け原理の最適化」を図ろうとしている点にも注目している.

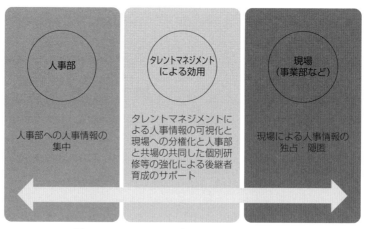

図10-1　タレントマネジメントによる効用

出所）筆者作成.

　ただ，この場合の「社員格付け（特に，役員・上級管理職の格付け）原理の最適化」は，国家的な諸法律制度，外部労働市場，企業の政治的力学のコンテキストの中での「最適化」ということとなる．そして，この企業の文化的・政治的力学のコンテキストの中には，日本多国籍大企業の人事部やライン管理職の人事情報の掌握が，時に「企業統治・権力のブラックボックス」として機能してきたことへの含意も含まれている．それは，そもそも，日本企業において人事情報に基づく人事査定が，時に「公正・公平・客観的」におこなわれず，恣意的な様々な要因が働いてきたからである［遠藤 1991］．タレントマネジメントが，人事査定等に「公正・公平・客観」をもたらす一助となることを期待したい．

2．日本企業のタレントマネジメント導入の特徴への考察

　日本多国籍大企業へのタレントマネジメントの導入は，1つの理由としてはグローバル化への対応のためにはじまったといえる．導入の契機は，日本企業が既にタレントマネジメントを導入している外国企業との合併等をした場合の対応やグローバル人事を行う場合，海外現地子会社への適任の人材選抜・配置がなかなかできないことへの対応として始まっている[1]．

　日本多国籍大企業へのタレントマネジメントの導入は，第1段階は，世界的な規模でのITを活用した人材データベースの構築にある．この場合も，何を人材データベース情報として登録するかの世界基準の構築にある．第2段階は，評価指標の統一基準の構築，第3段階が，全社への適用であり，第4段階が「ヒトの世界最適」配置・評価・運用となってきている（図10-2）．

　ただ，職務主義の欧米企業で展開しているタレントマネジメントを属人主義の日本企業において導入することは様々な課題と問題がある．欧米企業のタレントマネジメントは，評価指標やデータベースの項目も客観的な評価基準によって構成されているが，日本企業では，評価指標が客観的でない「曖昧な指標」が多く，世界的なデータベースの項目づくりも，評価指標の統一も大きな課題となっている．しかし，データベースの構築による適材適所のためのスクリーニングと人材配置，人材教育ができるというタレントマネジメントの利点は大きい．

　そのため，タレントマネジメントも，「日本的」適応を経て，日本企業に導入されることとなっている．例えば，株式会社電通国際情報サービスでは，グ

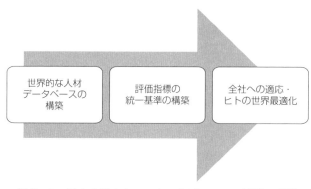

図10-2 日本企業のタレントマネジメントの構築の段階
出所）筆者作成.

ローバルタレントマネジメント用の統合人事パッケージ（POSITIVE）は，日本企業の独特な評価システムである「職能（人・能力）」と「職務（仕事・役割）」の両方の視点のバランスを考慮してつくられており，職能的側面から人材検索による絞り込みをおこない，候補者の職務に何か不足している場合には，必要な資格や教育内容を提示できるようになっている[2].

3. 日本におけるタレントマネジメントのパッケージアプリケーションの展開状況

タレントマネジメントの具体的な展開においては，タレントマネジメントパッケージアプリケーションを展開する企業の営業的な働きかけから日本多国籍大企業がそのパッケージアプリケーションシステムを導入することをきっかけに始まるケースもある[3].

タレントマネジメントのアプリケーションシステムを提供する会社としては，アメリカのオラクルを親会社とする日本オラクルやドイツのSAPを親会社とするSAPジャパン，ワークスアプリケーションなどがある.

当初，欧米において展開し成功をおさめたタレントマネジメントのアプリケーションシステムを，クラウド型やサーバー設置型で，日本多国籍大企業を対象に販売する形で始まったといえる. そして，世界的なタレントマネジメントシステムの導入・展開の中で，タレントマネジメントのアプリケーションシステム企業のM&Aも繰り返された. 日本国内でのこのような製品の販売開始

は1998年からであり，これが日本のタレントマネジメントの黎明期であったともいえる．

　タレントマネジメントのアプリケーションシステムの第1の要素は，人材データベースの構築・管理機能であった．人材のデータベースは，人事情報に加えてスキルや経験などの様々な情報をグループ全体，全世界で，標準化し，「見える化」するものである．そして，このような人材のデータベース以外にも，「後継者管理」，「目標・パフォーマンス管理」，「学習管理」，「要員計画」，「補修管理」，「採用管理」などがある．後継者管理は，人材異動の激しい欧米において早くから注目された管理システムであったが，海外シフトをした日本多国籍大企業においても，海外拠点の重要ポストが空席にならないように後継者を早くからタレントプールに選抜し，育成することが早くから課題となってきた．「学習管理」は，Eラーニングを使用し，自学自習をおこなうことができ，かつ，その学習度を管理できる点で広がりつつある．

　タレントマネジメントの大きな特徴の1つとして，この「タレントマネジメントのアプリケーションシステムの利用」と日本多国籍大企業独自の「タレントマネジメント」の活用をおこなうという2つの方針が重なり合って，個々の日本多国籍大企業独自のタレントマネジメントシステムを形成している点にある．

　日本多国籍大企業のタレントマネジメントの利用においては，基本的には，個々の企業の「タレントマネジメント」の活用方針があって，それに相応しい「タレントマネジメントのアプリケーションシステムの選択」となるわけであるが，その企業に「タレントマネジメント」活用の全社的な方針がない場合には，アプリケーションシステムを便宜的・一部のエリア・従業員向けに利用してみて，実験をおこなう場合もある．

　しかし，タレントマネジメントシステムの展開は，「タレントマネジメントのアプリケーションシステム」というICTを活用した人材のデータベース化と人材情報の「見える化」の流れの中でおこっていることであり，その意味では，「タレントマネジメントのアプリケーションシステム」の進化という点からは目を離してはならないといえる．

4. 日本の多国籍製造大企業のグローバルタレントマネジメント

（1）日産自動車のグローバルタレントマネジメント

　ここでは，まず，先行研究から日産自動車のグローバルタレントマネジメントについて見ることにしたい［古沢 2017］．この日産自動車に関する先行研究では，日産自動車の管理職へのヒアリング調査がおこなわれ，この古沢［2017］において日産自動車を事例としてとりあげた理由は，日産が日本を代表する多国籍企業であり，かつ外国企業（ルノー）とアライアンスを組み，長らくトップが外国人経営者であった点をあげている．

　古沢［2017］は，カルロス・ゴーンが社長就任早々の2000年からNACと呼ばれる人事委員会を設置し，有能人材のグローバルな発掘・育成のための「タレントマネジメント」をおこなったと指摘している．

　日産自動車では，2000年以降，積極的にグローバルな組織・人事・文化を基礎としながら，グループ全体で人材の最適な配置・異動・活用をおこない，グループ全体のパフォーマンスが最大化するように図っている[4]．日産自動車が，グローバルタレントマネジメントを図ってきたのは，2002年以降，人材活用のグローバル化の進行にともなって，日本人が就任するキーポストが減少すると同時に，優秀な日本人後継者の不足の問題に直面したからである．そのために，日本人のキーポストにつく優秀なグローバル人材の育成が図られることとなった．そのために，①新卒採用を強化し，②入社3年後に，ビジネス候補リーダーを育成し，③入社5年から7年でビジネス候補リーダーを選抜・育成し，④40代でビジネスリーダー・ポストにつくことができるだけの人材の育成を図ることとした．そのために，まず入社3年目までにすべての新入社員の中のビジネスリーダー候補に対して，キャリアの早期でグローバル環境において成果を上げる経験（海外の3-6カ月の長期出張ベース）を与える「Global Challenge Program」を実施している．そのうえで，日産自動車では，20歳代後半の段階で優秀な人材を選抜し，40歳前後でビジネスリーダー（BL）のポジションに昇進・配置・育成をおこなえるローテーションプログラムを実施している[5]．

（2）日立製作所のタレントマネジメント

　次に，先行調査研究から日立製作所のタレントマネジメントについてみるこ

とにしたい[6).

　日立製作所では，2012年に日立グループ30万人以上（そのうち，流動性が高い海外工場の従業員を除く28万人）の人材データベース（DB）を構築している．日立の人材データベース（DB）の登録内容としては，個人の属性と入社年次，年齢，性別，会社名，勤務地などとなっている［今井 2018：23］．

　日立製作所では，グループ全体でのグローバル経営への対応が必要なため，グローバルな日立製作所全体のDBを構築し，社員情報の一元化，デジタル化をおしすすめることで，個々のポジションの必要な要件を明らかにしている．これによってグループ全体でグローバルに必要な人材をセレクションし，配置できるようになっている．また日立製作所では，タレントマネジメントとして，役員，部長等の職位ごとの研修をおこなうと同時に，個別的な指名にもとづく選抜方式の研修などの多種多様なプログラムが用意されている．これによって，日立製作所は，DBをもとにしたシステム的な取り組みと研修等の多種・多用なプログラムをうまく組み合わせて展開されている［今井 2018：23］．

　また日立製作所では，GAP-K（Global Advanced Program for Key Po-sitions）として，経営者候補の育成を目的とした選抜研修を実践している．それに加えて，国籍に関係なく，グループ・グローバルに外国人材を積極的に登用する制度を整える一方で，日本人社員の育成にも積極的に努めている［今井 2018：21］．

　日立製作所では，グローバルに展開するグループ企業全体のDBを構築することで，海外人材，日本人材の「可視化」をはかることと，個別的に選抜した研修等のプログラムを組み合わせることで，海外人材，日本人材ともに，優秀な人材を育成するシステムを構築している．

（3）味の素のタレントマネジメント

　次に，味の素のタレントマネジメントの取り組みについて紹介・考察をおこなうことにしたい[7).

　1909年に世界初のうま味調味料「味の素」を世に送り出して以来，日本を代表する食品企業として成長してきた味の素株式会社では，2016年以降，グローバル食品トップメーカートップ10を目指し，「分厚い人財」の育成を経営基盤の進化の1つの柱として位置づけ展開している．たとえば，「グローバル経営人財」および「ローカル専門人財」の選抜，採用，育成の強化によって，200人の「次期経営人財」を形成すると同時に，グローバルでの海外役員現地化比

率50%, 女性マネージャー比率20%に取り組んでいくという. すなわち, 「グローバルタレントマネジメント」と「ダイバシティマネジメント」の両方の構築を未来に目指している.

味の素のタレントマネジメントでは旧来型の日本の人事制度のような, 人にあわせてポジションを決める「適材適所」ではなく, タレントマネジメントシステムのような「適所適材」, すなわち, ポジション要件を明確化にし, そこにふさわしい人財を発掘し, 育成プランを策定・実行しながら, 優秀人財の早期登用および適所への適材の任用・登用を図っていく人事システム構築を図ることを模索していると言える.

2016年4月には, タレントマネジメントをおこなうために, グローバル人財マネジメント部が人事部から独立し, タレントマネジメントの「人財ポートフォリオ」,「サクセッションプラン」,「育成プラン」をグローバル共通の情報として「見える化」を図ろうとしている.

そして, 味の素では, 「グローバル基幹人財」(国, 地域を越えて活躍し, 将来味の素グループの経営を担うことを期待する人財), 「リージョナル基幹人財」(国を超え, 特定地域内で活躍し, 将来特定地域において経営を担うことを期待する人財), 「ローカル基幹人財」(将来, 特定個社の経営を担うことを期待する人財) の3つを設けて, それぞれにマッチした人財マネジメントを適用しようとしている.

このタレントマネジメントの展開にあわせてポジションマネジメントも変革し, 日本の役割評価制度・個人評価制度と欧米・アジアの目標管理中心・能力評価一部導入という従来型の評価制度の骨格を全世界的に統一し, 味の素独自の行動評価と個人業績評価に切り替えようと模索している. そして, 前述した「グローバル基幹人財」(国, 地域を越えて活躍し, 将来, 味の素グループの経営を担うことを期待する人財) に対して, グローバル報酬ポリシーを構築している. このグローバル報酬ポリシーとは, 1. コンプライアンス, 2. 職務・業績に対する報酬 (基本給の給与レンジは職務ベースで決める, 個人業績を昇給, 賞与に反映させる), 3. 報酬の市場水準に基づき, 競争力のある報酬水準 (市場水準データに基づき, 競争力のある給与水準を設定する, 第三者から提供される客観的な報酬データに基づき, 定期的に報酬水準を見直す) ものを志向するものである[8].

そして, 味の素の新たなタレントマネジメントでは, グループ会社で, 社員が考えるキャリアプランをもとに個人別に育成計画をたて, 配置・研修をおこなうやり方から基幹人財候補のタレントマネジメントをグループ横断で展開し

ている．そこでは人財ポートフォリオを構築し，サクセッションプランをたて，それに基づいて，育成プランをたてることを計画している．具体的には，約120グループの基幹ポジションに対して，200人から300人の母集団（タレントプール）をつくることからはじめられている．

そして，味の素グループ（単体，国内関係会社，海外法人）で，グローバル人財育成プログラムを体系化し，若手育成プログラム（組織別）を基礎として，組織・法人毎にタレントマネジメントを推進するプログラムや法人・リージョン毎にタレントマネジメント推進プログラム，人財委員会にて人財育成計画書，後継者計画を作成し，その下での育成プログラムなどを階層別に展開しようとしている．

そして，味の素の代表的なリーダー育成研修としては，味の素グループフューチャージュニア，地域本部若手リーダー育成研修，味の素グループリーダーセミナー，味の素グループフューチャーリーダーセミナー，グローバルグループリーダーセミナー，エグゼクティブコーチングなどがある．

味の素では，2016年に人事制度を抜本的に改定し，2017年以降タレントマネジメントの展開と並行して，各法人の人事制度改定に着手し，2020年には次期経営人財の母集団・育成の仕組みを確立し，主要法人の人事制度の骨格の統一を図るとしている．

このグローバルタレントマネジメントを展開するうえで核となるのが，グループ全体の共通の価値の提示である．具体的には，ASV（Ajinomoto Group Shared Value）である．ASVは，「味の素グループが創業以来展開してきた事業を通じた社会的課題解決への貢献であり，社会・地域と共有する価値を創造することで，経済価値を生み成長につなげる取り組みである」としている．

そして，味の素ではこのASVを，認知（知っている，聞いている）→理解（自分化している，なぜ必要なのか，自分を何をすべきかを理解している）→実践（日々の業務で実践している）までをおこない，それを日々の業務に当たり前のようなおこなえるレベルを目指している．そして，従業員すべてにASVを浸透するために，味の素グループ全従業員を対象として，ASVセッションプログラムを展開し，CEO動画は，日本語，中国語，タイ語，インドネシア語，ベトナム語，フランス語，ポルトガル語，スペイン語に多言語化されている．

（4）D社のタレントマネジメント

　次に，筆者が独自に行ったヒアリング調査⁹⁾から日本のグローバル多国籍製造大企業であるD社のグローバルタレントマネジメントの展開と課題について見ることにしたい．

　D社では，2016年より人事制度の改編を行い，2018年からは人事情報システムを導入し，ジョブ型の人事制度をグローバルで導入している．この一連の取り組みがD社のグローバルタレントマネジメントの展開となっている．

　このグローバルタレントマネジメントの展開を通して，D社では，一人一人の従業員が個人のキャリアの棚卸しを行い，人事情報システムに記録を行うと同時に，人事部が一人一人の従業員のキャリア記録のサポートをおこなっている．D社の人事情報システムの構築と運用といったグローバルタレントマネジメントの展開において，外国人材は，もともとジョブ型の働き方をしているので，スムーズに適応している．これに対して，日本人材は，ヒト型の働き方をしてきたので，ジョブ型への移行において，試行錯誤が行われている．

　まず，D社ではグローバルタレントマネジメントの展開において，管理職層に限定して展開を行っている．一人一人のキャリア（経験, スキル, コンピテンシー等）の棚卸しを行い，それぞれに適応した人材開発を人事部がサポートをして展開できるようになっている．これまでは各セクション，事業部の現場の縦のラインによって握られてきた人事情報が，グローバルタレントマネジメントの展開によって，人事部とも共有化されるようになってきている．これによって人材開発・人材育成も，現場の縦のラインと同時に人事部からも提案できるようになることで，複眼的に行われているようになったのは，大きな成果でもある．

　また，D社でもタレントプールを構築し，選抜プラス人材プールへの登録を行い，将来のビジネスリーダー層の育成と後継者人材の育成といったサクセッションプランを行っている．昨今の変化の激しい経営環境の変化と連動した様々な組織改編の中，適材適所の育成と配置について余裕を持って行うことは，今後の経営課題となっている．急速な組織改編の中では，組織（箱作り）を優先し，そのタレント人材の配置においては，後でポジションを考えざるを得ない状況もある．

　グローバルタレントマネジメントの展開によって，ジョブ型に近づけた雇用システムの展開によって，市場価値にあわせた人材採用が可能になってきた点

は大きなメリットである.

　とはいえ, 多くの日本人材の従業員にとって「ジョブ型」の働き方への意識が十分にまだまだ浸透しておらず, 日本人材の従業員にふさわしい「ジョブ型の働き方」の模索が続いている. また, D社のグローバルタレントマネジメントの展開において, マネジメント人材は, その職責が明確であり, 求められるスキルや経験, コンピテンシーも明らかであり, 成果評価など新しい人事システムに適合的である. これに対して, 専門職人材（研究開発者, 技術者など）は, その評価が難しく, 欧米企業のように, 一概に市場価値に合わせての評価が日本企業では困難な点がある.

5．小　結
——日本多国籍大企業のグローバルタレントマネジメントの含意——

　味の素の事例では, 日本多国籍大企業のグローバルタレントマネジメントの独自的特徴として, グローバルタレントマネジメントとダイバシティマネジメントの両方を目指すという独自性がある. この点は, 日本的なグローバルタレントマネジメントの展開と言える. この背景には, 女性管理職比率の低さに象徴される先進国の中でもかなり低いジェンダーダイバシティ（多様性）の低さという日本固有の問題に根ざしていると考えられる. 女性管理職の登用という課題と人材の早期育成・登用・抜擢とを組み合わせることで, 克服しようとしているともいえる.

　次に, 本章で紹介・検討した「日産自動車」と「味の素」の比較をおこなうことにしたい. 日産自動車はルノーの傘下に入り, ルノーからカルロス・ゴーンをトップとして受け入れ, ルノーと日産自動車の人材交流も積極的にすすめることで, 日産自動車はグローバル企業への転換を一定程度, すすめていったといえる. それゆえ, グローバル勤務を前提とした日本人従業員であっても直線的にグローバルタレントマネジメントの構築を図ることができたといえる.

　これに対して,「味の素」では, 今後のグローバル展開を更に図るための構造改革であり, ポジションマネジメントも変革し, 日本の役割評価制度・個人評価制度と欧米・アジアの目標管理中心・能力評価一部導入という従来型の評価制度の骨格を全世界的に統一し, 味の素独自の行動評価と個人業績評価に切り替えるために, 段階的にグローバルタレントマネジメントの展開を図ろうと模索している.

また，「日立製作所」ではDBをもとにしたシステム的な取り組みと研修等の多種・多用なプログラムをうまく組み合わせて展開するグローバルタレントマネジメントを展開している．

　グローバルタレントマネジメントの導入・展開は，日本の多国籍大企業のおかれている状況（外資との資本関係，国内市場と海外市場の依存度の違い，海外企業の人材交流，産業特性等々）の差異によって，大きく異なると考えられる．

　本章で紹介した日本多国籍大企業のグローバルタレントマネジメントは，いずれも先進的に取り組むことができたベストプラクティスに属するものであって，多くの日本多国籍大企業では紹介したようなグローバルタレントマネジメントの展開ができていない．

　多くの日本多国籍大企業でグローバルタレントマネジメントが展開できていない理由は，日本の組織編成原理が，「ヒト基準」であり，海外での「個々人の責任と範囲が曖昧な日本において特徴的な組織」となっている点が想定できる．これは，「ジョブ基準」の「各職務をそれらの相互関係でデザインして，それらの任務のすべての配分」する欧米企業とは，かなり異なる原理であるといえる［石田 1982：13-22；上林・平野編 2019：128-49］．

　評価制度の骨格を全世界的に統一し，日本多国籍大企業独自の行動評価と個人業績評価を図るためには，「ヒト基準」から「ジョブ基準」により近づけ，かつ，「ジョブ基準」のもつ「硬直性」に陥らないように配慮した設計に，人事制度全般を改革することが必要である．

　グローバルタレントマネジメントの展開がなかなか困難な日本の企業において，データベースをもとに客観的に展開することを可能にする日本独自の新たなタレントマネジメントについて次章では紹介することにしたい．

注
1）「グローバル人材を掘り起こす」『NIKKEI COMPUTER』，2012年 6 月21日，30-40頁．
2）「ISID，『POSITIVE』のタレントマネジメント機能を大幅拡充」『日本経済新聞』2015年 3 月12日，参照．
3）『日経コンピュータ』，2012年 8 月21日号．
4）「日産自動車 日本タレントマネジメントの取組」2017年 3 月10日（https://www.niad.ac.jp/n_kenkyukai/data/no13_290310_shiryou01.pdf，2018年10月12日閲覧）．
5）日産自動車株式会社 人事本部 副本部長 井原 徹，前掲，参照．
6）日立製作所のタレントマネジメントに関しては，今井［2018］参照．

174

7） 産労総合研究所「事例 No.063　味の素事例レポート（キャリア開発）」『企業と人材』
　　2016年 6 月 号 ）（https://www.e-sanro.net/jirei/careerkaihatsu/e1606-63.html，2019年
　　10月 9 日閲覧）．
8） 「第613回人事賃金センター事例研究会　経団連事業サービス人事賃金センター事例
　　研究会　味の素の基幹職新人事制度」資料，2017年 2 月 6 日，参照．
9） 2019年に行ったD社の人事部長，タレントマネジメント推進部長へのヒアリング調
　　査に基づいている．

第11章

日本型タレントマネジメントとは

1．日本型タレントマネジマメントとは

　日本型（日本国内完結型）タレントマネジメントとは，日本企業の現状の属人主義的な人事システムにあわせる形で，タレントマネジメントアプリケーション（クラウド型人事統合システム）を導入し，タレントマネジメントの特徴である人事情報の「見える化」等をはかるパターンである．旧来型の人事システムにあわせる形で，タレントマネジメントアプリケーション（クラウド型人事統合システム）を導入するため，欧米企業のような職務主義的な要素や世界統一標準をもつこともないし，戦略的なリーダー層の選抜・育成・登用といった機能までも包摂しないが，これまで眠ってきた人事情報の蓄積データ（ビッグデータ）を「見える化」し，時系列的に分析をおこなったりすることで，これまでブラックボックスであった人事管理の科学的な分析手法を容易に導入できるようになったといえる．グローバルタレントマネジメントや戦略的なタレントマネジメントの一部の機能をアプリケーションの導入を通して，現在の日本的な人事制度を大きく変えずに，「人事情報の見える化」をはかる試みといえる．それは同時に，人事情報の科学的分析が進むと同時に，これまでブラックボックスとなってきた「人事情報」が360度（人事部，上司，本人，同僚，組合等）公開されるならば，日本企業において，新しい産業民主主義の扉を開く可能性すら秘めている．

　本章では，日本企業の「旧来型の人事管理システム＋X社のタレントマネジメントシステム」を通して，人材の見える化，離職防止施策強化，人材の最適配置・抜擢，スキルアップ支援，社員の声活用・ES（社員満足度）向上，採用ミスマッチ，モチベーション分析，リアルタイム評価までおこなえるようにするのが，日本的タレントマネジメントシステムであり，日本の人事管理システムの1つの変容・最適化の形態と考えられる．

　もちろん，そこでは，前章で解説してきたようなグローバル型のリーダー層

（基幹人財）に特化した形でのタレントプールの構築，抜擢，育成，登用といった多国籍大企業の戦略的タレントマネジメントの特徴は具備していないが，日本国内で完結できる「日本型（日本国内完結型）タレントマネジメント」の展開によって，優秀な外国人材や日本人の人材の離職防止・モチベーションアップ，スキルアップを図ることが想定できる．日本の輸出型の多国籍大企業に続いて，日本の人口減少に伴う内需減少に対応して，内需型の日本企業も，大小を問わず海外への輸出やインバウンド対応，そして，海外直接投資へとシフトしており，日本国内においても，優秀な外国人材や日本人の人材の獲得・定着・育成・抜擢が大きな課題となってきている．まずは日本国内でタレントマネジメントにトライし，ともすれば不信感の温床ともなってきた日本型人事管理における人材の見える化，離職防止施策強化，人材の最適配置・抜擢，スキルアップ支援，社員の声活用・ES向上，採用ミスマッチ，モチベーション分析，リアルタイム評価をはかることは大切な試みといえる．そして，このような日本型タレントマネジメントの展開は，人事管理制度の高度化によって，グローバル人材に見捨てられる日本企業からの処方箋の1つとも考えられる．

　本章では，そのようなX社のタレントマネジメントシステム（クラウド型人事統合システム）の事例と中心に紹介・分析をおこなうことにしたい．

2．日本型タレントマネジメントの導入を推進するアプリケーション企業調査

　X社は，ICTを活用したマーケティングを専門とするコンサルティング会社であったが，ICTを活用したマーケティングコンサルティングでこれまで獲得してきたマーケティング思考やデータマイニングの手法，時系列分析の処方などを盛り込んだタレントマネジメントのアプリケーションツール（クラウド型人事統合システム）を構築し，人事戦略コンサルティングを実施している．X社のマーケティングコンサルティング業務では，日々の顧客情報，購買データの様々な大量の情報（ビッグデータ）を蓄積し，その様々な角度から顧客のニーズやウォンツを把握している．

　このX社のタレントマネジメントのアプリケーションツール（クラウド型人事統合システム　以下タレントマネジメントシステムと略する）の特徴の1つは，営業日報などの膨大な量のテキスト情報をテキストマイニングすることで可視化し，営業マンのその日のモチベーション等などを可視化することで，離職防止をは

かったり，社員のスキルの見える化や人事異動シミュレーションなどの様々な数量的変化の時系列的（日・週・月・年）な分析を可能にしている点にある．それらのマーケティング手法を人事管理に適応して，これまで十分に活用できてこなかった人事データの科学的分析をスタートした点で画期的な要素がある．

　このX社のタレントマネジメントシステムのもう1つの大きな特徴は，これまで人事部が管理してきた静的な人事情報に加えて，日々変化をする従業員のやる気（モチベーション）や仕事の満足度などの動的なデータを，一元的に管理できる点にもある．

　このような2点の大きな特徴を通して，全社員の見える化を可能にし，これまで部門長まかせであった人材配置を部門を超えた全社レベルで一元化・集中し，かつ時系列的に把握できることによって，理論的には，人員の全社員配置を可能にしている．

　X社が，このようなタレントマネジメントシステムを構築したのは，社員数100人規模を超えた時，ある日突然，予想もしなかった社員が辞めてゆく事態があり，X社自身の従業員離職予防のために，X社のマーケティングの技術を転用したことにある．自社開発したタレントマネジメントのアプリケーションツール（クラウド型人事統合システム）を思考錯誤・発展させて，タレントマネジメントシステムとして提供するようになったのである．100人程度の規模の段階で構築したシステムであるので，これまで巨大多国籍企業に適応されてきたシステムと異なり，100人以上の中小企業であれば導入できる点が画期的といえる．

　そして，このタレントマネジメントシステムでは，具体的な人事データとしては，社員情報（氏名，社員番号，年齢，勤続期間，事務情報），マインド（考え方，価値観，適性，資質，行動特性），キャリア（業務経験，経歴，履歴書，目指す方向性），スキル（技術，資格，知識，経験，得意分野），ミッション（目標設定，人事評価，360度評価），エンゲージメント（満足度：ES，将来の希望，社員の声），モチベーション（楽しさ：ストレス，働き方，ワークログ），IoT（体調：調子，笑顔：表情，親密度　etc）を対象としている．

　このような静的データから動的データまでを分析することで，前述したような人材の見える化，離職防止施策強化，人材の最適配置・抜擢，スキルアップ支援，社員の声活用・ES向上，採用ミスマッチ，モチベーション分析，リアルタイム評価までもおこなえるようになっている．さらに，これらの諸機能に

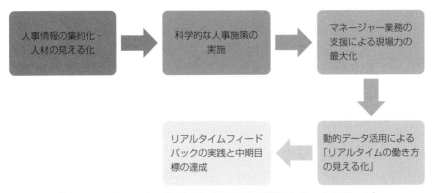

図11-1　タレントマネジメントシステム導入の5つのステップ

出所）筆者作成.

加えて,「採用管理,エントリーシート,モデル人材分析,採用：不採用比較,配属支援」などの科学的分析を通しての採用ミスマッチの軽減を図ることを可能にしている.

　そして,X社では,タレントマネジメントシステム導入に関して5つのステップを掲げている（図11-1）.第1ステップは,人材情報の集約と人材の見える化であり,第2ステップは,人材情報を活用して「科学的」な人事施策を実践することであり,第3ステップは,マネジャー業務の支援による現場力の最大化であり,第4ステップとして,動的データの活用による「リアルタイムの働き方の見える化」であり,第5ステップとして,目標の日々の活動の紐づけによるリアルタイムフィールドバックの実践と中期目標の達成としている.

3.　日本型タレントマネジメント導入・展開企業の現状と課題

　次に,X社のタレントマネジメントシステムを導入したY社の活用事例についてY社へのヒアリング調査からみることにしたい[1].

　なぜX社のタレントマネジメントシステムを導入することにしたのかというと,社員全員の一人一人の内発的動機付け,キャリアビジョン,スキル,モチベーション向上のための最適配置や育成を,これまでの属人的な人事制度のやり方ではなく,ITを活用して科学的におこないたかったことにある.

　具体的な採用理由は,①意思決定者に対して,視覚化されたわかりやすい

人事情報を提示し，意思決定のサポートをおこなえること，② 従業員の様々な人事情報の視覚化，③ 人事評価×勤怠管理情報，満足度×キャリア開発の進捗情報などの社員情報に様々な因子を組み合わせて，分析がおこなわれること，をあげている．②の従業員の様々な人事情報の視覚化では，従業員間の相性分析，従業員の人事異動シミュレーション，従業員アンケートのテキストマイニング分析，採用時のエントリーシート・モデル人材分析・配属支援などを経年データとビッグデータから分析することが可能になっている．

X社のタレントマネジメントシステムの導入によって，Y社では，人事情報の一元化のみならず，客観的な人事情報による人事戦略や人事採用決定，戦略的な次世代人材の抜擢・育成・登用，最適配置，離職防止分析による離職可能人材の割り出しと働きかけの意思決定支援,計画的・科学的な人材育成など様々な意思決定において，X社のタレントマネジメントシステムによる分析結果を利用されるようになっている．

Y社では，X社のタレントマネジメントシステムが情報を蓄積でき，時系列的に分析できる点に着目し，今後，様々な人事施策による結果データを蓄積し，その結果,定性的になりがちな人事施策の結果をES，モチベーションや離職率，個人業績などとの相関を定量的に分析し，今後の人事制度のPDCAサイクル（図11-2）の改良の改善につなげたいとしている．

すなわち，Y社では，採用からデータ分析による業績アップのための狙いうちの人材開発，人材開発による能力アップを背景とした個人業績の人事評価と賃金査定,そして,日々の日報等の様々なデータをもとにしたES,モチベーションの個別分析を通しての優秀なコア人材の離職防止・抜擢・育成・登用といった一連の流れが切れ目なく展開できることを目指している．

4．小　結 ──日本型タレントマネジメントの含意──

X社のタレントマネジメントシステム導入による日本型タレントマネジメントの展開は，旧来の日本型人事管理制度を維持しつつ，X社のタレントマネジメントシステムのプラットフォーム上に様々な人事情報を蓄積し，時系列的に分析し，今後，様々な人事施策による結果データを蓄積し，その結果，定性的になりがちな人事施策の結果をES（社員満足度），モチベーションや離職率，個人業績等の様々な相関を定量的に分析し，今後の人事制度のPDCAサイクルと

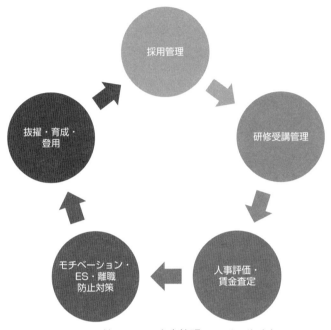

図11- 2　Y社における人事管理のPDCAサイクル

出所）筆者作成.

日本型人事制度そのものの改良・改善につなげるというものである.

　この変化は，タレントマネジメントの人事情報の可視化と人事情報の蓄積と科学的分析という点に特化して，タレントマネジメントシステムを日本型人事制度に導入し，それを通して，旧来型の日本型人事制度を採用・配置・育成・評価・抜擢といったともすれば流行に流され，バラバラであった諸制度をシステム的・整合的に統合するものであると見ることができよう.

　そしてこの変化は，直ちに日本企業の企業業績を向上させるものではなく，旧来型の日本型人事制度に科学的人事情報分析ツールを与えることで，旧来型の日本型人事制度の高度化を図ることになる. ただここで問題は，科学的人事情報分析ツールがいくら提供され，人事情報等が蓄積されても，それを有効に分析・解明できる人事のスペシャリストがいなければ有効に機能しない点を指摘しておきたい.

注

1） Y社の人事担当者に対する2回にわたるヒアリング調査による.

第12章

日本企業のタレントプールの構築とダイレクトリクルーティング

1. 日本企業におけるタレントプールのリクルーティングへの活用

　日本企業において，タレントマネジメントの概念を利用したタレントプールの活用によるダイレクトリクルーティングが今，注目を集めている．タレントプールを活用し，自社に興味を抱く優秀人材に対して積極的にアプローチをかけ，採用をおこなうことにある．

　ダイレクトリクルーティングの基本的な方法としては，TwitterやFacebook，Instagramなどを活用して対象となる層の心を掴み，募集への応募に繋げ，採用・定着を図ることである．

　このような企業が積極的かつ直接的にWEBを活用して攻めの人材採用をおこなうソーシャルリクルーティングの流れはIT業界を超えて加速しており，中途採用などでは，ビズリーチがテレビCMを通して知名度をあげつつある．そして，このダイレクトリクルーティングは，既卒採用から新卒採用にまで広がりつつある．

　そこで，本章では，ダイレクトリクルーティングについて紹介・考察をおこなうことにしたい．それは，この方法が外国人留学生や優秀な「グローバル人材」にターゲットを絞って採用を行うことができる優れた点があるからである．

　ダイレクトリクルーティングという用語は，学術的に定義された用語ではなく，欧米や日本のダイレクトリクルーティングを取り扱うWEBサービス企業が，名付けた「造語」であると推察される．用語的には，ダイレクトマーケティングからの派生用語として誕生したことが考えられる．

　ダイレクトリクルーティングは，WEBベースでタレントプールの構築・選抜という点において，タレントマネジメントの手法を応用しているし，SNSを活用した人材の募集・宣伝や双方向コミュニケーションという点では，マーケティングの手法を応用している．前章の日本型タレントマネジメントにおいても論述した点ではあるが，マーケティング手法の人事管理分野への導入という

点では，共通している傾向である．これは，研究史においても実践的歴史においても，マーケティング分野が顧客に向けての広告・宣伝，ダイレクトマーケティング，SNSを活用したマーケティングと発展をさせてきた経緯があり，それが人事管理の実践分野に転用されつつあると考えられる．しかし，この異種交配（ハイブリッド）は実践分野（実社会）において進んでも，それらを研究対象とした人事管理分野の研究においてはすすんでいない．

2．WEB活用型のダイレクトリクルーティングの拡大

エントリー型採用とは学生からの自発的なエントリーによって母集団を形成し，そこから良い人材を「絞り込む」方法である．たくさんの学生を集める必要があるが，その中に欲しい人材がいるとは限らない．一方，ダイレクトリクルーティングは学生の中から欲しい人材・マッチしそうな人材を捜してオファーする手法である．そこでは，欲しい人材の要件や人物像が決められる．このようなダイレクトリクルーティングは，ダイレクトソーシングとも呼ばれている．

このようなダイレクトリクルーティング（ダイレクトソーシング）においては，まず，第1は，SNSや自社ウェブサイト，説明会・募集用パンフレット等において，社員の横顔やイキイキした会社の様子を積極的かつ有効な言葉や写真で発信することにある．

そして，第2に，自社に興味を持ってくれた人材に対して，双方向コミュニケーションをおこない，社内ツアーや小規模な交流会（ミートアップ）への参加に繋げることが重要である．その上で，第3に，社内ツアーやミートアップの参加者の中から十分に相手のキャリアなどをリサーチした上で，相手が魅了されるようなアプローチをとり，実際の採用に繋げることが大切である（図12-1）．

具体的には，「あなたのキャリアの中でこの取り組みのこのような点が素晴らしいですね．」といったメッセージや「あなたのこのような考え方が我が社の経営理念と一致しています」といった，一人一人の人材に向けた評価メッセージの発信とその後の採用プロセスでのそのフォローが重要である．この段階ではすでに，採用応募してくれた人材は自社のファンであるから，採用に至らなくても自社への好印象を持続させる取り組みが人事担当者には求められることになる．

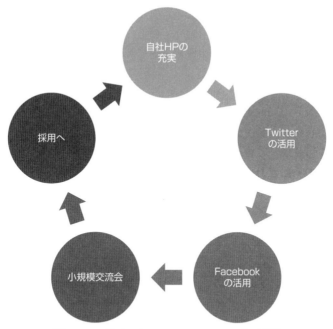

図12-1　ダイレクトリクルーティングの展開
出所）筆者作成.

　このようなダイレクトリクルーティングにおいて大切になるのは，企業のブランディングの確立・向上と全社員的な優秀な人材採用体制と自社に興味をもった優秀人材のタレントプールの構築とタレントプールの人材へのイベント（少人数交流会へのお誘い等）やニュースリリースなどの定期的なフォローワークが大切になる[1].

　ダイレクトリクルーティングは，このようなダイレクトソーシングのみならず，今日の日本においては，リファラル・リクルーティング，ファストリクルーティングといったダイレクトリクルーティングも展開されている.

　リファラル・リクルーティングは，自社社員から友人や知人を直接的に紹介してもらい採用をおこなう方法である. これは，ある種，昔からおこなわれてきた採用方法でもあるが，全社員に採用担当者として自覚をもってもらい，自社の社風や企業文化を伝えると同時に，自社にマッチした人材を採用するといった「全社員採用担当自覚型リクルーティング」といった面では，採用管理

の進化系であるといえる．またこのような採用スタイルでは，離職率が低くなると同時に，求人媒体，求人人材紹介会社を介さず採用をおこなうことができるためコスト面での大きなメリットがある［高山・新倉 2018：38］．

　リファラル・リクルーティングでも，社員の友人・知人で自社に興味を抱いてくれる人材を登録してもらい，自社のタレントプールに囲い込むことが必要である．そのうえで，前述したような双方向コミニケーションや社内ツアーや小規模な交流会（ミートアップ）への参加に繋げることが重要である．その上で，社内ツアーやミートアップの参加者の中から十分に相手のキャリアなどをリサーチした上で，相手が魅了されるようなアプローチをとり，実際の採用に繋げるといった新しい採用スタイルをとることも大切である．

　以前から存在する求人媒体に広告をだして求人を待つという方法ではなく，「求人検索エンジン」から自社のホームページ等に導く手法として，ファストリクルーティングがある．具体的には，Indeedなどがこれにあたる．求職者は，GoogleやYahoo! を介して，Indeedなどの「求人検索エンジン」に集められ，この「求人検索エンジン」を活用して求人を探し，求人している会社のホームページサイトに導かれ連絡をとることとなる．ファスト・リクルーティングの場合も，求人する会社がいかに魅力的なコピーライティングをおこない，求職者がその会社に応募するかが重要であるし，また応募後，迅速にその会社から求職者にメール等でリプライを返して，面接に誘導をしていくかが大切である［高山・新倉 2018：38］．

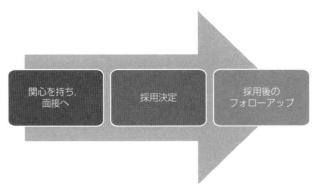

図12-2　ダイレクトリクルーティングの展開

出所）筆者作成．

　これらのダイレクトソーシング，リファラル・リクルーティング，ファスト
リクルーティングなどの3つのダイレクトリクルーティングにおいても，応募
から採用に至るプロセスで採用決定をした後でも常に辞退される危険性があ
り，それらのプロセスを管理し，辞退者を減らすことも大切なことである（図
12-2）.

3．ダイレクトリクルーティングのためのWEBサービス

　ダイレクトリクルーティングのWEBサービスとしては，ソーシャルリクルー
ティング（ダイレクトソーシング）系としては，Linkedin，Twitter，Wantedlyが
あり，技能特化型採用系タイプとしては，GitHub，CodelQがある．全般的な
採用管理系タイプとしては，Talentioなどがあり，前述したように「求人検索
エンジン」から自社の検索エンジンサイトに導く方法としてはIndeedなどがあ
る．また，会員制転職サイトを提供するビズリーチなどがある.
　Linkedin，Twitterは世界的な規模で展開しており，グローバルな規模での
ダイレクトリクルーティングのWEBサービスといえる.
　これらのダイレクトリクルーティングのWEBサービスは，益々拡大してい
くことが想定される．これらのダイレクトリクルーティングは，閉鎖的な日本
の労働市場に所属する優秀な日本人のグローバル人材と，開かれて移動の自由
度が高い海外の労働市場に所属する海外企業を繋ぐ役割を果たしていくことが
予想される.
　今のところは，一定の言語的な障壁やビジネス文化の差異が，日本の閉鎖的
な労働市場からグローバルな労働市場への移動障壁となっているが，自動翻訳
テクノロジーの進展などがその移動障壁を低くするならば，未来的には，日本
の閉鎖的な労働市場からグローバルな労働市場への移動が，これらのWEBサー
ビスを介してより容易になるかもしれない.

4．小　結

　本章では，日本企業におけるタレントプールの構築とダイレクトリクルー
ティングの取り組みについて，紹介・検討をおこなってきた.
　ダイレクトリクルーティングという用語が，学術的に定義された用語ではな

く，欧米や日本のダイレクトリクルーティングを取り扱うWEBサービス企業が，名付けた「造語」であると推察され，用語的には，ダイレクトマーケティングからの派生用語として誕生したことを論述した．

そして，ダイレクトリクルーティングの基本的な方法としては，TwitterやFacebook，Instagramなどを活用して，対象となる層の心を掴み，募集への応募に繋げ，採用・定着を図ることである．このような企業が積極的かつ直接的にWEBを活用して攻めの人材採用をおこなうソーシャルリクルーティングの流れはIT業界を超えて加速しており，中途採用などでは，ビズリーチがテレビCMを通して知名度をあげつつある．そして，このダイレクトリクルーティングは，既卒採用から新卒採用にまで広がりつつあることについて論じた．

そして，ダイレクトリクルーティング（ダイレクトソーシング）においては，まず第1は，SNSや自社ウェブサイト，説明会・募集用パンフレット等において，社員の横顔やイキイキした会社の様子を積極的かつ有効な言葉や写真で発信すること，第2に，自社に興味を持ってくれた人材に対して双方向コミニケーションをおこない，社内ツアーや小規模な交流会（ミートアップ）への参加に繋げることが重要であること，その上で第3に，社内ツアーやミートアップの参加者の中から十分に相手のキャリアなどをリサーチした上で，相手が魅了されるようなアプローチをとり，実際の採用に繋げることが大切である点を指摘した．

注
1）『人事実務』2017年9月号，18-19頁，参照．

グローバル人材を活用するために
―― 「見捨てられる日本・日本企業」 からの脱却をめざして ――

1. 本書のまとめ

　本書の研究目的（課題）は，① 日本の教育機関（大学等）が日本人や外国人留学生をどのようにして「日本的なグローバル人材」を育成し，日本企業がそうした「日本的なグローバル人材」を欧米的な人の先進的管理手法である「タレントマネジメント」を最適に「日本化」することによって，競争力の源泉にしてゆこうとする模索やその実態を分析し，その日本的特徴や傾向性を明らかにすることと，② 日本や日本企業が目指す方策や方向性が，必ずしも上手くいっておらず，「グローバル人材」である優秀な海外経験を有する日本人学生や外国人留学生といったグローバル人材の一部から日本企業が人材争奪戦の中で「見捨てられつつある現状」について論究した後，「タレントマネジメント」・「ダイレクトリクルーティング」等の日本的な改善課題を明らかにすることを通して，その「処方箋（対策等）」について解明することにあった．

　そこで最後に，本書の分析を通して得られた知見について整理しておきたい．

　まず，日本の「グローバル人材」育成（教育）の問題点と課題については，日本における「グローバル人材」育成を巡る議論が，日本の経営者団体（日本経済団体連合会，日本経済同友会等）主導でなされ，その後，首相官邸の会議を経て，その意向が文部科学省の指導の下，独立行政法人である旧帝国大学を中心とした国立大学が「日本的なグローバル人材養成」をめざし，また，私立大学も文部科学省の様々な助成金誘導型の事業への応募・採択を通して，国立大学・私立大学を問わず，「グローバル人材養成」の高等教育政策が社会的に無批判に進行した点にある．その問題点とは，欧米のグローバルリーダー論と異なり，日本では，「グローバル人材」の育成において，国際標準的な議論を欠いて，まず，英語力，日本と異なる異文化への適応力，主体性・積極性，チャレンジ精神，協調性・柔軟性といった職務遂行能力を高めることが，議論と育成の中心におかれてきた点にある．日本のこのようなグローバル人材育成は，日本的

な属人主義的慣行や日本多国籍企業独特な国際人事管理システムに適合的な「グローバル人材」育成になっているのが，大きな特徴であるといえる．その点については，日本の文化的コンテキストにおいて，属人主義基準のもつ「融通性」や「柔軟性」といった長所である優れた点と国際基準という点において非整合的であるという問題点を内包してきた．

今後の日本におけるグローバル人材の育成において，首尾一貫性（Integrity），透明性（Transparency）といった公共性・倫理性を意識した能力形成をはかることやグローバル人材の基礎となるグローバル倫理教育がとても重要であり，これが，国連などを通して世界的認識となっている．

次に，グローバル人材の一翼となる日本の「外国人高度人材」受け入れ政策の問題点と課題について論究した．

前述したように，日本の求める「グローバル人材」の一翼を担う「外国人高度人材」の受け入れ政策（その後の日本版グリーン制度等）の問題は，そもそもその制度の認知度が日本のみならず世界的に低いことと同時に，日本企業に広く雇用されている外国人材は，「外国人高度人材」はまれで，むしろ「外国人普通人材」が一般的である点がある．また，「外国人高度人材」のポイント制度も一律的であり，厳正性と柔軟性の両方が必要であろう．この点は急速な人口減少が想定される日本において，高度人材のみならず一定レベルの多様な外国人材が，日本の労働力不足を補う上で必要となることが想定され，今後，「外国人材」の受け入れにおいて，多様かつ厳正な基準と枠組みを構築することが求められよう．「外国人材」の受け入れにおいて，これまで日本が認めてきた「外国人高度人材」と同時に，「外国人普通人材」の在留基準・在留年数を，どのように定めるかも大きなポイントであると同時に，永住許可の付与に関しては，十分な制度構築についての検討が必要であろう．

その参考となるのが，本書において紹介したシンガポールの労働許可制度であると言えよう．「外国人普通人材」については，シンガポールのSビザにあたるような労働許可証を発行することも今後検討が必要であろう．外国人の高度人材への永住権付与は，優秀な外国人を日本で獲得し，長く日本の発展のために寄与してもらうことが，重要である．それだけに，外国人高度人材の受け入れ・永住権の付与において，日本国の移民政策において，戦略的視点を持ち，外国人高度人材を受け入れる体制を整備し，各省庁間・政府と地方自治体・地方自治体間の連携をとりつつ，様々な多文化共生を配慮して対応していくこと

が重要である．

　また，第4次産業革命において必要なIT外国人材にとって，日本は魅力的な就労国となっていない面がある．それは，本書の第6章において論述したように，①日本のIT産業の水準が世界的な水準の中で相対的に低いこと，②日本のIT産業が，世界基準と異なる日本文化で動いていること，③外国人の関われる業務に制限があることなどからIT外国人技術者が日本に行くことが魅力的でなくなっているなどのケースが象徴的に示している．それは，「見捨てられる日本・日本企業」も象徴するケースでもある．

　また，日本における外国人留学生の採用及びその後のキャリア開発の問題点と課題について論究をおこないたい．前述してきた「外国人高度人材」・「グローバル人材」の採用としては，外国人留学生の採用・確保・定着・能力開発が展開されているが，日本企業における外国人留学生の採用も，けっしてうまくいっているとは限らない．それは，多くの外国人留学生の母国では，職務主義に基づく能力基準での採用・配置・能力開発をおこなうため，日本企業の属人主義・ジェネラリスト型の採用・労働慣行・能力開発に適応・順応できず，就職後3年以内に退職するケースも多いからである［守屋 2012b］．日本企業を3年から5年で辞めるか，長期雇用で働くか迷っている層への人事政策としては，長期雇用志向を固める人事政策の推進をはかる必要がある．

　このように俯瞰的に，日本の「グローバル人材」の育成を巡る経済団体・官庁・大学・企業の議論や動向を見ると，日本企業の持つ属人主義・ジェネラリスト型の雇用慣行等とそれに連動したグローバル化の限界を克服するために，日本政府は外国人高度人材の新たな受け入れ制度を構築し，大学は「グローバル教育」を推進し，企業は外国人留学生をはじめとした外国人材をどう確保・定着するのかという日本固有の特殊性に根差していると見ることができよう．

　また，日本人留学生・日本人留学経験者といった日本人の若者の海外留学の促進とその後の日本・日本企業への就職活動・採用管理・就業継続問題にも大きな「グローバル人材」教育（育成）の課題がある．海外留学にあたっては，海外留学前から海外留学中に磨くべき「目的」の明確化が重要である．

　そして，本書では，「外国人高度人材」・「グローバル人材」の採用・能力開発・定着のための日本多国籍業・日本中小企業の「グローバルタレントマネジメント」・「タレントマネジメント」の展開状況と課題について論究をしてきた．

　「外国人高度人材」の受け入れと「日本人のグローバル人材」への育成問題は，

日本企業のグローバル化の不足・日本の人口減少に連動した優秀な日本人のグローバル人材の不足という日本固有のローカルな問題に根差しており，そこに，世界のグローバル化に基づく世界標準化の流れとの乖離がある．そこで構造的な矛盾と日本的な特徴と構造を持つことになる．しかしながら，日本の持つ良さについては堂々と主張すべきである．

日本的特徴としては，外国人材への日本的「適応」については，日本語の学習を中心とした日本的集団主義と日本的ビジネス文化への適応という特徴をもつと同時に，日本人材には，日本的な集団主義への適応を基礎としつつ，海外留学を通しての外国語習得と外国文化への適応という側面を有している．そこで，中心になるのは，モノカルチュラルな日本単一文化を核とした「グローバル人材」の受け入れ・育成という「和魂洋才」的な構造的矛盾が存在する．しかし，21世紀以降の日本の「グローバル人材」の受け入れ・育成には，モノカルチュラルな日本単一文化への志向とダイバシティな多文化志向の相克関係が生まれるようになっており，そこも21世紀の日本的特徴といえよう．それこそが，加藤周一が主張してきた日本が，外部文化を受け入れて発展する契機となることを祈らざるをえない状況である．

また日本企業の場合，「グローバル人材」・「外国高度人材」へのニーズの高まりと連動して「グローバルな評価基準化」，「グローバルな従業員のデータベースの構築」などのグローバル化に関わる人事制度への部分的な導入がある．グローバル化で，欧米企業に遅れをとっている日本の多国籍大企業が，グローバルタレントマネジメントを，日本的にアレンジメントして導入する試みをおこなっているのが現実であるが，その点も，日本企業の国際競争力を失わないように注意すべき点である．

日本企業へのタレントマネジメントの導入は，第1に，日本企業が遅れているグローバル化を促進するための優れた外国人留学生・外国人材・日本人外国留学経験者のような「グローバル人材」に適応した採用・確保・定着・能力開発の側面がある．それは，グローバルタレントマネジメントが先進的に導入されてきた企業に端的にあらわれている．

第2に，タレントマネジメントでは，情報システム企業が提供するアプリケーションを利用して，「タレントプール」とも考えられる「人材情報管理ツール」を利用して，旧来的な人事情報のみならず人事情報のエンゲージメント，モチベーションといった日々変化する動的データまでも科学的に分析することを通

して，旧来型の日本人事制度の高度化を図ろうとするものである．

　第3に，後継者育成，次世代リーダーの育成，適者育成・配置開発といった大きな流れがある．

　これは，アメリカ式の先進的な管理手法である「タレントマネジメント」を導入して日本的に適応させながら，グローバルタレントマネジメントを展開する流れである．それは，日本企業の人事制度のある種の「進化」であるかもしれない．

　日本多国籍大企業のグローバルタレントマネジメントでは，グローバル人材の内部・外部からの採用・内部育成・抜擢を図ってゆくために，① 日本企業の人材を国内タイプとグローバルタイプにわけ，それぞれのタイプ別の採用・育成・抜擢をおこないつつ，両タイプの統合を模索したり，② ルノーと日産自動車のように，大規模な国際的な親会社・子会社・関連会社の国内外の人材交流などを通して，統一的に展開したり，③ グローバルタレントマネジメントと並行して，ダイバシティマネジメントの展開をおこなったりしている．

　上記の3点は，日本型のグローバルタレントマネジメントの独特な特徴である（図1）．

　もう1つの流れは，日本型タレントマネジメントを媒介としての「人事の科学化の流れ」［大湾 2017］である．この側面では，ビックデータ・AI（人工知能）を活用した「人材情報管理ツール」を利用して，旧来的な人事情報のみならず人事情報のエンゲージメント，モチベーションといった日々変化する動的データまでも科学的に分析することを通して，人事データは当初予想していなかっ

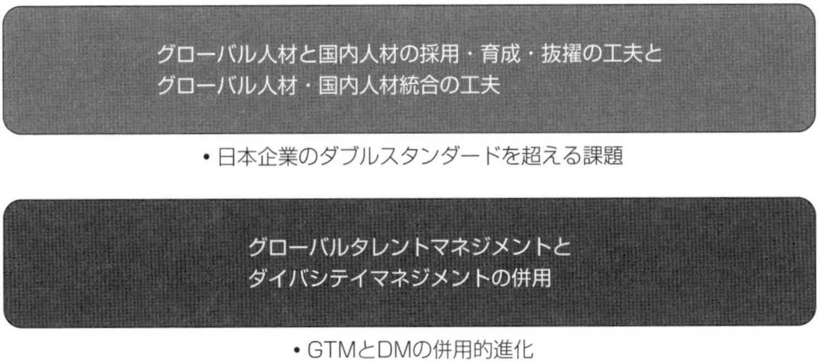

グローバル人材と国内人材の採用・育成・抜擢の工夫と
グローバル人材・国内人材統合の工夫

• 日本企業のダブルスタンダードを超える課題

グローバルタレントマネジメントと
ダイバシテイマネジメントの併用

• GTMとDMの併用的進化

図1　日本型のグローバルタレントマネジメント

出所）筆者作成．

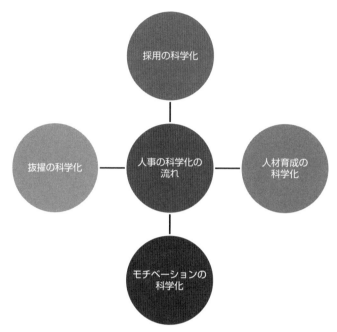

図2　日本型タレントマネジメントを媒介としての「人事の科学化の構図」

出所）筆者作成.

た動きを発見することで，見過ごされてきた事実にたどりつくことができる点が大きい［福原・徳岡 2016］．この一連の人事の科学化の流れは，採用の科学化［服部・矢寺 2018］，研修・教育・訓練の科学化，昇進・抜擢の科学化など多岐に及ぶこととなる［林編 2018］（図2）.

　外国人材においても，女性においても，就業継続を困難にする要因としては，長時間労働がある．企業が求める側面として，創造的ワークがある．「人材情報管理ツール」を利用して，「労働時間の短縮×クリエイトワーク＝高業績」の新しい人事制度設計が求められているといえよう．タレントマネジメントにおいて，「人材情報管理ツール」を利用して，「人事の科学化の流れ」のためには，統計リテラシーの高い人材の人事への配属が今後，求められていくとも考えられる.

　そして，このような大きな人事政策を巡る流れは，「ヒト基準」から日本的

なゆるやかな「仕事（ジョブ）基準」へ比率を高める流れでもある．この流れは，日本の閉鎖的な労働市場から開かれたグローバル労働市場への外国人材とともに，日本人材も移動する自由を手にいれる変化とも見てとることができよう．

2．見捨てられる「日本・日本企業」への処方箋

　本書での，「見捨てられる日本・日本企業」とは，世界的な人材争奪戦（Talent for War）において，高度外国人材の国際的な移動先として，日本・日本企業を選択することが一部とはいえ忌避する傾向があらわれてきていることをさしている．

　それは，本書で前述してきたように，① 日本経済及び日本企業の国際的優位性の低下，② 外国人材の母数として一番大きかった中国人材の母国である中国都市部の賃金上昇による日本で働くことの総体的な魅力の低下，③ 日本的な集団主義・日本語・複雑な日本的ビジネスマナーへの忌避，④ 昇進速度が遅い，成果の反映が弱い，配属されたい職務希望がかなわない，希望しない職務への配属などの面，⑤ 日本の就職活動が日本独特で外国人材にとって理解できない点，⑥ 他国に比して，外国人材の受け入れの法的整備の遅れ，特に人権の保障面からそもそも遅れている，といった諸点から生じている点もあると考えられる．

　また，海外留学を経験した若い優秀な一部の日本人にとっても，日本企業の魅力は相対的に低下している．

　それは，高度外国人材と同じく，① 日本及び日本企業の国際的優位性の低下から外資系企業を選択する側面と，② 日本における女性従業員の就業継続を困難にする様々な側面，③ 希望しない職種・地域への強制的な配属・転勤への憂慮，④ 日本の未来への悲観，などの側面が考えられる．特に，優秀な女性の日本人・外国人材にとって，日本における就業継続の問題や女性の管理職の少なさは，日本と日本企業を選択する意欲を低下させている．

　日本企業の今の人事政策が，優秀な日本人・外国人の一部のグローバル人材に適合的ではなくなってきていることが大きな問題である．それを適合的に変える必要がある．

　次に，外国人材や海外留学経験を経た日本人といったすべての「グローバル人材」から選ばれる「日本・日本企業になるための政策提起」をあえておこな

うことにしたい.

　外国人材や海外留学経験を経た日本人のすべての「グローバル人材」から選ばれる人事政策への転換としては,具体的には,① 外国人高度人材の専門性を生かせる部門への配置・異動,② キャリアアップできるキャリア開発制度の充実,③ ワーク・ライフ・バランスの達成をサポートする福利厚生制度の充実,④ 昇給・昇格における基準の明確化,⑤ ICTの活用などによる業務の効率化対策,⑥ 能力・業績に対応し,客観的に納得できる報酬制度の確立,⑦ テレワーク・フレキシブルな勤務時間などの柔軟な働き方の提供,⑧ 仕事(職務)の内容の明確化(ジョブディスクリプション整備),⑨ 個人が組織から分化すること,などが共通ポイントである.

　上記のような人事制度とあわせて,従業員それぞれのキャリア状況にあわせて,無限定な正社員から職務・地域限定型の正社員への転換や,転勤にあたっても転勤を公募し,希望者を転勤させる「転勤手あげ式」に転換することも大切である[鶴 2016:107-108].また,柔軟な在宅勤務や「選択式転勤可能制度」などは,子供の発熱時に柔軟に在宅勤務を選択することができたり,夫の転勤にあわせて,夫婦で夫の勤務地に移動できるようにする「選択式転勤可能制度」などは,今後の重要な人事制度改革の課題である[中野 2019].

　そして,そのような日本企業の人事政策の転換では,太田[2017]が主張しているように,日本の「共同体型組織」の負の側面からの脱却が重要である.そのために,太田[2017]は,個人が組織や集団から「分化」することが必要であると論じている.太田[2017]は,「分化」を「個人が組織や集団,あるいは他人から物理的,制度的,もしくは認識的にわけること」[太田 2017]と定義している.分化の弱い形として在宅勤務などの形態を,分化の強い形態としては,「社内分社化」から「社外ベンチャー」などの形態を例示している.外国人材等の一部のグローバル人材にとって,日本の囲い込み的な集団主義に抵抗感があるだけに,「分化」はとても良い組織政策であるといえる.実際,社内分社化,子会社化し,その管理職,経営者からすべての従業員まで,外国人材にゆだねるケースもでてきている.その反面,太田[2017]において強調されている点は,個人を組織からの「分化」を図ることと同時に,個人の組織への「統合」が重要であり,新しい「分化」政策と同時に,新しい「統合」政策が必要となってくる.

　次に,日本的なタレントマネジメント導入の条件整備を通して,世界が認め

198

るディーセントワークとCSR［足立・井上編 2009］との統合的展開をおこない，労働生産性を高くし，経営倫理的にも優れている企業へ脱皮する制度改革が必要である．もちろん，長い歴史を有する我が国・日本は，倉敷紡績をはじめ，数々の人道主義的な経営者を生んできたが［林 2018］，その良き日本的経営・日本企業の伝統を継承し，外国人材はもちろんのこと，女性，高齢者，障碍者を大切にする経営も重要である．それは，日本の「共同体型組織」のプラスの側面を，うまく新しい分化と統合の手法と組み合わせて活かすことによって達成できるかもしれない．

　また，外国人材に関しては，受け入れのための日本の法的整備も大きな課題である．その基本は，日本において外国人材の人権が日本人と同様に，保証されることである．「個人の尊重」を重要とする日本国憲法において，日本人と外国人材の人権を，様々な側面で保証することを通して，日本の多文化共生社会への道をすすめることができよう［丹野 2018］．

　人権の保証と同時に，在留する外国人を「生活者」としてとらえ，「外国人が生活しやすい多文化共生地域づくり」をおこなうために，「日本語教育の充実」，「行政・生活情報の多言語化」，「住宅の入居支援」，「外国人の子供の教育の充実」，「就学の促進」，「外国人の労働の環境改善，社会保険の加入促進」などを図る必要がある［高宅・瀧川 2018：216-18］．

　そして，「見捨てられる日本・日本企業」から回復する最大の手段は，日本多国籍企業が世界の中で国際競争力を回復し，世界のマーケット（特に，人口増加が今後も期待できる新興国）で市場シェアを回復することであり，そのためのグローバルタレントマネジメントの実践をおこなうことにほかならない．そのために，日本及び外国人材を，人口増加を期待できる新興国に重点的に配置し，新興国でのM＆Aを積極展開することが求められている［デュルパン・高津 2011］．

参 考 文 献

〈邦文献〉

赤羽新太郎・夏目啓二・日高克平編（2009）『グローバリゼーションと経営学　21世紀におけるBRICSの台頭』ミネルヴァ書房.

安里和晃編（2011）『労働鎖国ニッポンの崩壊』ダイヤモンド社.

浅野慎一編（2007）『増補版　日本で学ぶアジア系外国人——研修生・技能実習生・留学生・就学生の生活と文化変容——』大学教育出版.

葦原恭子・小野塚若菜（2016）「琉球大学のインターンシップにおける業務経験が外国人留学生の自己評価に与える影響に関する事例研究——ビジネス日本語 Can-do statements の分析を通して——」『琉球大学留学生センター紀要』3.

足立辰雄・井上千一編（2009）『CSR経営の理論と実際』中央経済社.

渥美育子（2013）『グローバル企業で30年間伝え続けてきた「世界で戦える人材」の条件』PHP.

有村貞則（2008）『ダイバシティ・マネジメントの研究——在米日系企業の実態調査を通して——』文眞堂.

伊賀泰代（2012）『採用基準——地頭より論理的思考を大切にするもの——』ダイヤモンド社.

石田和夫・安井恒則・加藤正治編（1998）『企業労働の日英比較』大月書店.

石田英夫（1982）「日本型ヒューマンリソースマネジメント——過程と構造——」『日本労働協会雑誌』285.

石山恒貴・山下茂樹（2017）「戦略的タレントマネジメントが機能する条件とメカニズム——外資系企業と日本企業の比較研究——」『日本労務学会誌』18（1）.

石原直子（2012）「私たちの結論——あらためて，タレントマネジメントとは何か——」『Works』115.

――――（2013）「タレントマネジメントの本質——日本企業が学ぶべきポイントに着目して——」『Works Review』8.

伊藤健市・田中和雄・中川誠士編（2002）『アメリカ企業のヒューマン・リソース・マネジメント』税務経理協会.

稲井富赴代（2011）「中国人留学生に対するキャリア教育と就職支援——日本企業に就職した元留学生に対するアンケート調査をもとに——」『研究紀要』（高松大学），56・57.

――――（2012）「中国人留学生に対するキャリア教育と就職支援——日本企業に就職した元留学生に対するアンケート調査をもとに——」『杏林社会科学研究』56・57.

今井雅和（2018）「グローバルメジャーを目指す日立製作所の人財部門改革とタレントマネジメント」『専修マネジメントジャーナル』（専修大学），8（1）.

今野浩一郎・佐藤浩樹（2002）『人事管理入門』日本経済新聞社.

伊豫谷登士翁（2005）『グローバリゼーションと移民』有信堂.

岩出博（2002）『戦略的人的資源管理論の実相――アメリカSHRM論研究ノート―』泉文堂.

殷路・田中豊治（2013）「グローバル人材の育成と活用に関する日中比較研究」『佐賀大学文化教育学部研究論文集』18（1）.

氏家佐江子（2014）「シンガポールのイノベーション政策と人材育成戦略」『研究・技術計画学会年次学術大会講演要旨集』24.

遠藤公嗣（1999）『日本の人事査定』ミネルヴァ書房.

呉淑儀サリー（2017）「日英上場企業におけるCEO報酬の現状と日本の今後の動向――FTSE100とTOPIX100のデータ分析からの一考察――」『亜細亜大学経営論集』53（1）.

太田肇（2009）『日本的人事管理論：組織と個人の新しい関係』中央経済社.

―――（2010）『日本人ビジネスマン「見せかけの勤勉」の正体』PHP研究所.

―――（2017）『なぜ日本企業は勝てなくなったのか――個を活かす「分化」の組織論――』新潮社.

太田浩（2011）「なぜ海外留学離れはおこっているのか」『教育と医学』59（1）.

大西好宣（2007a）「日本人のアジア留学―企業の視点と国家戦略，そして大学 特集 中国語圏への留学）」『留学交流』19（11）.

―――（2007b）「企業が評価する日本人のアジア留学――欧米留学との比較から――」『留学生教育』12.

―――（2008）「日本人学生の海外留学促進に関する提言――2020年への挑戦――」『留学生教育』13.

大橋敏子・秦喜美恵・横田雅弘・近藤祐一・堀江学（1992）『外国人留学生とのコミュニケーション・ハンドブック――トラブルから学ぶ異文化理解――』アルク.

大湾秀雄（2017）『日本の人事を科学する――因果推論に基づくデータ活用――』日本経済新聞社.

岡益己・深田益博（1995）『中国人留学生と日本』白帝社.

岡田行正（2006）『アメリカ人事管理・人的資源管理史』同文館.

岡本佐知子（2015）「シンガポールの移民政策：外国人労働力の受け入れと管理」『北海道文教大学論集』16.

柿沼英樹（2012）「人材配置戦略としてのタレントマネジメント試論」『経営行動科学学会年次大会：発表論文集』15.

―――（2015a）「Works Discussion Series No.4 日本企業におけるタレントマネジメントの展開と現状」リクルートワークス研究所.

―――（2015b）「企業におけるジャストインタイムの人材 配置の管理手法の意義――人的資源管理論でのタレントマネジメント論の展開――」『経済論叢』89（2）.

―――（2018）「タレントマネジメント論の計量書誌学的分析」『環太平洋大学研究紀要』（13）.

角谷昌則（2015）「グローバル人材育成論の教育思想の探求――3種類分析概念による検討

202

を通じて──」『広島国際大学心理学紀要』3.

片岡進之編（2004）『現代企業社会における個人の自律性──組織と個人の共利共生に向けて──』文真堂.

加藤恵津子・久元真互（2016）『グローバル人材とは誰か　若者の海外経験の意味を問う』青弓社.

加藤周一（1979）『加藤周一著作集　4・5』平凡社.

上林憲雄・平野光俊編（2019）『日本の人事システム──その伝統と革新──』同文館.

黒川行治（2016）「企業統治と役員報酬・従業員給料の公正な分配」『三田商学研究』59（4）.

黒田兼一・山崎憲（2012）『フレキシブル人事の失敗』旬報社.

郡司正人・荒川創大（2009）『日系企業における留学生の就労に関する調査』，調査シリーズ，No.57，労働政策研究・研修機構.

郡司正人・荒川創大・才川智宏（2008）『外国人留学生の採用に関する調査』，調査シリーズ，No.42，労働政策研究・研修機構.

経営学史学会編（2003）『経営学史事典』文真堂.

経営学史学会監修・片岡信之（2013）『経営学史叢書　日本の経営学説Ⅱ』文真堂.

経済産業省（2015）「平成27年度　ダイバーシティ経営企業　100選　ベストプラクティス集」.

小井土彰宏編（2017）『移民受入の国際社会学──選別のメカニズムの比較分析──』名古屋大学出版会.

厚生労働省（2012）『高度外国人材の日本企業就職支援事例集：高度外国人材の日本企業就職支援促進プロジェクト事業』厚生労働省.

駒井洋監修・五十嵐泰正・明石純一編（2015）『「グローバル人材」をめぐる政策と現実』明石書店.

斉藤百合子（2014）「体験学習としてのインターンシップの可能性と課題」『国際学研究』（明治学院大学），45.

栄陽子（2013）『留学で人生を棒に振る日本人──英語コンプレックスが生み出す悲劇──』扶桑社.

桜井厚（2002）『インタビューの社会学　ライフヒストリーの聞き方』せりか書房.

佐藤美津子（2007）「外国人留学生の日本企業の就職に関する一考察──就職実態と日本語力を中心として──」『湘南国際短期大学紀要』15.

佐野誠・宮川真史・野口勝哉・西澤毅（2015）『すぐに使える！事例でわかる外国人雇用実践ガイド』Lexis Nexis.

ジェトロソウル事務所（2018）「グローバル人材の活用・育成に関する韓国政府の政策調査」，参照.

島弘編（2000）『人的資源管理論』ミネルヴァ書房.

下野博司（2006）「人口減少に対する一試案──外国人留学生の日本での就職について──」『東日本国際大学経済学部研究紀要』11（2）.

白木三秀（2008）『グローバル経済下における高度外国人材の有効な雇用管理とは？─高度

外国人材の採用と雇用の現状と課題―』ビジネス・レーバー・トレンド研究会（労働政策研究・研修機構）.

新宅弘樹・高畑麻実・神田彩那・弥津俊介・藤森達也（2012）『日本人大学生の留学阻止苦心政策――若者の消費性向――』（ISFJ政策フォーラム2012発表論文）.

厨子直之（2009）「タレント・マネジメントは人的資源管理の新展開となりうるのか」『日本労働研究雑誌』584.

鈴木伸子（2017）「日本企業で働く女性外国人社員のジェンダーとキャリア形成：元留学生で文系総介職社員の場合」『ジェンダー研究』（お茶の水女子大学ジェンダー研究所年報），20.

鈴木洋子（2007）「外国人留学生のキャリア形成――日本での就職の視座――」『武蔵野大学文学部紀要』8.

関智宏（2015）「中小企業の国際化研究に関する一考察――その射程と分析課題――」『同志社商学』67（2・3）.

関口倫紀・竹内規彦・井口知栄編（2016）『国際人的資源管理』中央経済社.

宣元錫・松下奈緒美・倉田良樹・津崎克彦（2014）「韓国IT技術者の送り出し過程と日本の外国人材受け入れ――2000年代の拡大局面に注目して――」『移民政策研究』6.

大学行政改革支援・学位授与機構（2017）『大学改革支援・学位授与機構高等教育質保証シリーズ　グローバル人材育成教育とその質保証――高等教育の課題――』ぎょうせい.

高野幹生（2015）『留学の真実』IBCパブリシング.

高橋俊介（2012）『21世紀のキャリア論』東洋経済新報社.

高橋由明・日高克平・林正樹編（2000）『経営管理方式の国際移転――可能性の現実的・理論的諸問題――』（中央大学企業研究所研究叢書）中央大学出版会.

高宅茂（2016）『高度人材ポイント制』日本加除出版.

高宅茂・瀧川修吾（2018）『外国人の受け入れと日本社会』日本加除出版.

高山奨史・新倉竜也（2018）『ダイレクトリクルーティング――新しい採用の常識――』同文館出版.

田中宣秀（2010）「インターンシップの原点に関する一考察――実験・実習・実技科目のキャリア教育・大学改革における意義――」『生涯学習・キャリア教育研究』6.

丹下英明・金子昌弘（2015）「中小企業の海外事業再編」『日本公庫総研レポート』No.2015-7，日本政策金融公庫総合研究所.

丹野清人（2018）『「外国人の人権」の社会学　外国人へのまなざしと偽装査証，少年非行，LGBT，そして，ヘイト』吉田書店.

中小企業庁（2012）『中小企業白書2012年版』日経印刷.

―――（2014）『中小企業白書2014年版』日経印刷.

―――（2016）『中小企業白書2016年版』日経印刷.

ツェ，D.・吉田茂美（2011）『グワンシGUANXI　中国人との関係のつくりかた』ディスカヴァー.

塚崎裕子（2008）『外国人専門職・技術職の雇用問題——職業キャリアの観点から——』明石書店.

鶴光太郎（2016）『人材覚醒経済』日本経済出版.

鄭楊（2006）「在日中国人家庭の育児形態に関する一考察——関西在住中国人家庭の育児援助の事例から——」大阪市立大学文学研究科・都市文化研究センター『都市文化研究』8.

テュルパン，D.・高津尚志（2011）『なぜ日本企業は「グローバル化」でつまづくのか——世界の先進企業に学ぶリーダー育成法——』日本経済新聞社出版.

永井裕久・椿広計・B.キャロライン・木野泰伸（2015）「グローバルリーダーシップにおけるダブルループ学習メカニズムの探索」『横幹』9（1）.

中川瑛（2017）『最高のキャリアの描き方　トビタテ！留学JAPAN生と物語理論』中央経済社.

中野円佳（2019）『なぜ共働きも専業もしんどいのか　主婦がいないとまわらない構造』PHP研究所.

中村久人（2013）『ボーングローバル企業の経営理論』八千代出版.

――――（2015）「ボーン・アゲイン・グローバル企業とグローバル・ニッチトップ企業――新タイプの国際中小企業出現の意義――」『経営力創成研究』11.

中村良二・渡邊博顕（2013）『留学生の就職活動』，調査シリーズ，No.112，労働政策研究・研修機構.

夏目啓二（2014）『21世紀のICT多国籍企業』同文館.

――――編（2010）『アジアICT企業の競争力――ICT人材の形成と国家移動――』ミネルヴァ書房.

七井誠一郎（2014）「日本企業におけるグローバル人材の不足と大学教育」『城西国際大学紀要』22（1）.

浪江巌（2010）『労働管理の基本構造』晃洋書房.

西山教行・平畑奈美編（2014）『「グローバル人材」再考』くろしお出版.

日本貿易振興機構（JETRO）（2016）「2015年度日本企業の海外事業展開に関するアンケート調査」.

日本労働研究機構（1998）『外国人留学生受け入れの実態と課題：支援機関・留学生・企業のヒアリング調査結果報告』.

服部泰宏・矢寺顕行（2018）『日本企業の採用革新』中央経済社.

林明文編（2018）『新版　人事の定量分析』中央経済社.

林廣茂（2018）『日本経営哲学史――特殊性と普遍性の統合――』筑摩書房.

葉山彩蘭・曾慧玲・翟慧慧（2014）「女性の働く意識に関する比較研究――日中台における女子大学生の意識調査に基づく――」『国際経営・文化研究』（淑徳大学国際コミュニケーション学会），18（2）.

樋口一清（2013）「産業空洞化と地域企業の競争優位」『「地域から考える成長戦略」研究会報告書』日本経済研究センター.

平野光俊（2006）『日本型人事管理——進化型の発生プロセスと機能性——』中央経済社.

黄震中・浦坂純子（2014）「中国人大学生が抱く企業イメージと就業意識（1）——現地大学生と在日留学生との比較から——」『評論・社会科学』111.

福岡昌子・趙康英（2013）『三重大学国際交流センター紀要』8.

福岡正大・徳岡晃一郎（2016）『人工知能×ビックデータが「人事」を変える』朝日新聞出版.

古沢昌之（2017）「日本企業のグローバル人的資源管理に関する一考察——日産自動車の事例研究——」『大阪商業大学論集』5（1）.

ヘイコンサルティンググループ編（2007）『グローバル人事—課題と現状——先進企業に学ぶ具体策——』日経済団連出版.

法務省（2005）『平成17年における留学生等の日本企業等への就職状況について』.

松井めぐみ・松岡洋一・岡益巳（2011）「中国人留学生の就職意識の特徴：岡山大学における調査から」『留学生教育』16.

三浦秀之（2013）「外国人高度人材の日本への異動をめぐる一考察」『杏林社会科学』29（1）.

箕浦康子編（1999）『フィールドワークの技法と実際——マイクロ・エスノグラフィー入門——』ミネルヴァ書房.

宮城徹・中井洋子（2017）「異文化適応の構造モデルから見た外国人社員の職場での適応——理科系ベトナム人元留学生の事例から——」『東京外国語大学留学生日本語教育センター論集（Bulletin of Japanese Language Center for International Students』43.

村上壽枝（2011）「大学教育のグローバル化を踏まえた進路支援についての一考察——派遣留学の進路支援事例から——」『大学アドミニストレーション研究』（桜美林大学），1.

―――（2012）「海外留学後の就職と社会——海外留学と企業の採用環境の現状分析を踏まえて——」ウェブマガジン『留学交流』12.

本橋幸夫（2015）『留学，キャリアコンサルタントが教える　留学帰国者の就活』本の泉社.

守屋貴司（1998）『現代英国企業と労使関係——合理化と労働組合——』税務経理協会.

―――（2007）「労働のグローバリゼーションの光と影」『立命館経営学』46（3）.

―――（2009）「外国人留学生の就職支援と採用・雇用管理」『立命館経営学』47（5）.

―――（2012a）「日本の大学における文系外国人留学生の就職支援教育と日本企業の採用・雇用管理——日本のグローバル化と人材育成の一側面——」『労務理論学会誌——若者の雇用と人材育成——』21.

―――（2012b）「日本企業の留学生などの外国人採用への一考察」『日本労働教会雑誌』623.

―――（2014a）「日本企業の外国人留学生の採用管理への提言」『21世紀ひょうご』16.

―――（2014b）「タレントマネジメント論に関する一考察」『立命館経営学』53（2）.

―――（2016）「日本における『グローバル人材』育成論議と『外国人高度人材』受け入れ問題—日本多国籍企業のグローバルタレントマネジメントと外国人留学生の関わりから—」『社会政策』8（1）.

―――（2019）「グローカル時代の日本企業の管理・組織・技術・労働・労使関係に関す

る先行研究のフレームワーク構築のための一考察――先行研究のサーベィを中心として
――」『経営論集』（明治大学経営学研究所）66（2）.

―――編（2012）『日本の外国人留学生・労働者と雇用問題――労働と人材のグローバリゼー
ションと企業経営――』晃洋書房.

守屋貴司・中村艶子・橋場俊展（2018）『価値創発（EVP）時代の人的資源管理――
Industry4.0時代の「働き方」と「働かせ方」――』ミネルヴァ書房.

門間由記子・高橋修・猪股歳之（2019）「就職における困難さの研究―外国人留学生の日本
での就職活動に着目して―」『東北大学高度教養教育・学生支援機構紀要』5.

山内麻理（2014）『雇用システムの多様化と国際的収斂――グローバル化への変容プロセス
――』慶應義塾大学出版会.

横田雅弘・白土悟（2004）『留学生アドバイジング――学習・生活・心理をいかに支援する
か――』ナカニシヤ出版.

横山和子・中村寿太郎（2009）「国際公務員アンケート調査からのキャリア分析――日本人
職員と外国人職員との比較分析――」『東洋学園大学紀要』17.

横山和子（2012）「日本企業のグローバル人材育成に向けての提言:日本人国際公務員のキャ
リア研究から」『現代経営経済研究』3（1）.

吉田寿（2012）『世界で闘うためのグローバル人材マネジメント入門』日本実業出版社.

吉田文（2014）「『グローバル人材の育成』と日本の大学教育――議論のローカリズムをめぐっ
て――」『教育学研究』81（2）.

李敏（2019）「日本における外国人留学生の採用――「高度外国人材」という虚像――」『広
島大学 高等教育研究開発センター 大学論集』第51集.

労働省職業安定局（1997）『外国人労働者の就労・雇用ニーズの現状』労務行政研究所.

労働政策・研究機構（2008）「外国人留学生の採用に関する調査」.

労働政策研究・研修機構（2013）『企業における高度外国人材の受入れと活用に関する調査』
JILPT，調査シリーズNo.110.

渡辺峻（2002）『人的資源の組織と管理――新しい働き方・働かせ方――』中央経済社.

渡辺峻・守屋貴司編著（2016）『活躍する女性会社役員の国際比較――役員登用と活性化す
る経営――』ミネルヴァ書房.

〈欧文献〉

AI Ariss, A. ed.（2014）*Global Talent Management: Challenge, Strategies, and
Opportunities*, Springer.

ATSD（2009）*Talent Management:Practice and Opportunities*,（伊賀泰代訳，2012，『採用
基準――地頭より論理的思考を大切にするもの――』ダイヤモンド社）

Bratton, J. and J. Gold（2003）*Human Resource Management: Theory and Practice*,
Palgrave Macmillan（上林憲雄・原口恭彦・三崎英央・森田雅也翻訳・監訳『人的資源
管理 理論と実践 第3版』文真堂，2019年）.

Bratton.J and Gold. J.（2003）*Human Resource Management: Theory and Practice 3 rd edition,* Palagrave.

Chuai, X., Preece, D. and P. Iles（2008）"Is talent management just 'old wine in new bottles'?: The case of multinational companies in Beijing," *Management Research News,* 31（12）.

Colling, D.G. and K. Melath（2009）"Strategic Talent Management:A Review and Research Agenda," *Human Resource Management Review,* 19（4）.

Cox.T.H. and S. Blake（1991）"Managing Cultural Diversity:Impications for Organizational Competitiveness," *Academy of Management Executive,* 5 （3）.

Dixon, N.M.（2000）*Common Knowledge: How Companies Thrive by sharing What They Know,* Harvard Business School Press（梅本勝博・末永聡・遠藤温訳『ナレッジ・マネジメント 5 つの方法——課題解決のための「知」の共有——』生産性出版，2003年）.

Druker.P.F.（1959）*Landmarks of Tomorrow,* Haper（現代経営研究会訳『変貌する知識社会』ダイヤモンド社，1969年）.

Eccles, R.G., Ioannou, I. and G. Serafeim（2012）"The Impact of a Corporate Culture of Sustainability on Corporate Behavior and Performance," *Harvard Business School Working Paper,* 12-035, May 9 .

Freeland, C.（2012）*Plutocrats: The Rise of the Global Super-Rich and the Fall of Everone Else,* Penguin Press（中島由華訳『グローバルスーパーリッチ——超格差の時代——』早川書房，2013年）.

Gullory.W.A.（2009）*The Age of Human Potential-Talent Management,* Salt Lake City, UT; Innovations International.

Hofstede, G. and J. Hofstede（2004）*Cultures and Organizations: Software of the Mind 2 nd Edition,* McGraw-Hill.

———（2010）*Cultures and Organizations: Software of the Mind, Revised and expanded 3 rd Edition,* McGraw-Hill.

House R.J., Hanges, P.J., Javidan,M., Dorfman, P. W. and V. Gupta eds.（2004）*Culture Leadership and Organizations: The Globe Study of 62 Sociseties,* Sage Publishing.

House, R.J., Dorfman, P.W., Javidan, M., Hanges, P.J. and M.F. Sully de Luque（2014）*Strategic Leadership Across Cultures: The GLOBE Study of CEO Leadership Behavior and Effectiveness in 24 Countries,* SAGE Publications（太田正孝監訳・解説，渡辺典子訳『文化を超えるグローバルリーダーシップ——優れたCEOと劣ったCEOの行動スタイル——』中央経済社，2016年）.

Joldnen, T.（2005）"Global Leadership Competencies: A Review and Discussion," *Journal of European Industrial Traning,* 29（3）.

Kanter, R. M.（1993）*Men and Women of the Corporation,* Basic Books.

Mathis, R. H. and J. H. Jackson（2007）*Human Resource Management: Essential*

Perspectives: 4 th Edition, Advantage Series.

Michels, E., Handfield-Jones, H. and A. Beath（2001）*The War for Talent,* Mckinsey &Company.Inc.

Moriya, T.（2013）"Research on the Employment of Foreigners such as Foreign Students in Japanese Companies In Commemoration of Prof. Osamu NAGASHIMA and Prof. Kaname YOSHIDA),"『立命館経営学』51（5）.

Ready, D. A., Conger, J. A. and L. A. Hill（2010）"Are you high pontetial?" *Harverd Business Review,* 88（6）.

Sassen. S.（2001）*The Global City; New York, London, Tokyo,* Priceton University Press.

Schmidt. C., Mansson. S. and H. Dolles（2013）"Managing talents for global leadership positions in MNCs: Responding to challenges in China," *Asia Business & Management,* 12（4）.

Tarique, I and R. Schuler（2009）"Global talent management : Literature review,integrative framework and suggestions for futher research," *Journal of World Business,* 45（2）.

〈WEB〉

海外留学協議会（2014）「海外就業体験が若年者の職業能力開発・キャリア形成に及ぼす影響に関する調査研究」(http://www.ovta.or.jp/info/investigation/internship/pdffiles/internship_8.pdf, 2016年8月18日閲覧).

経済同友会（2015）『これからの企業・社会が求める人材像と大学への期待——個人の資質能力を高め，組織を活かした競争力の向上——』(http://www.doyukai.or.jp/policyproposals/articles/2015/pdf/150402a_02.pdf#search='%E6%B5%B7%E5%A4%96%E4%BD%93%E9%A8%93%E8%80%85%E3%81%AB%E4%BC%81%E6%A5%AD%E3%81%8C%E6%B1%82%E3%82%81%E3%82%8B%E8%83%BD%E5%8A%9B', 2016年8月18日閲覧).

内閣府（2013）日本再興戦略—JAPAN is BACK—」http://www.kantei.go.jp/jp/singi/keizaisaisei/pdf/saikou_jpn.pdf　2016年8月7日，閲覧・確認.

日本経済団体連合会（2011）「グローバル人材の育成に向けた提言」(http://www.keidanren.or.jp/japanese/policy/2011/062/, 2016年8月21日閲覧).

————（2016）「トビタテ！留学JAPAN」(http://www.tobitate.mext.go.jp/, 2016年8月19日閲覧).

————（2016）「新卒選考に関する指針」(http://www.keidanren.or.jp/policy/2015/112.html, 2016年8月21日閲覧).

リクルートワークス（2015）『新卒採用の選考開始時期を巡る企業の認識——「企業の採用動向と採用見通し調査」中間集計より——』(https://www.works-i.com/pdf/151102_shinsotsu.pdf　2016年8月21日閲覧).

わ

《著者紹介》

守 屋 貴 司（もりや たかし）

1962年生まれ.
関西学院大学大学院商学研究科博士課程後期課程単位取得中途退学，立命館大学
大学院社会学研究科博士課程後期課程修了．博士（社会学）．
現在，立命館大学経営学部教授，立命館大学OIC総合研究機構所属.

主要業績

『現代英国企業と労使関係——合理化と労使関係——』税務経理協会，1997年.
『総合商社の経営管理』森山書店，2001年.
『日本企業への成果主義導入——企業内「共同体」の変容——』森山書店，2005年.
『価値創発（EVP）時代の人的資源管理——Industry4.0時代の「働き方」と「働か
せ方」——』（共編著）ミネルヴァ書房，2018年.

人材危機時代の日本の「グローバル人材」の
育成とタレントマネジメント
——「見捨てられる日本・日本企業」からの脱却の処方箋——

2020年2月29日　初版第1刷発行　　＊定価はカバーに
　　　　　　　　　　　　　　　　　表示してあります

著　者　守　屋　貴　司©

発行者　植　田　　　実

印刷者　河　野　俊一郎

発行所　株式会社　晃　洋　書　房

〒615-0026　京都市右京区西院北矢掛町7番地
電話　075(312)0788番(代)
振替口座　01040-6-32280

装丁　㈱クオリアデザイン事務所　　印刷・製本　西濃印刷㈱
ISBN 978-4-7710-3290-3

JCOPY 〈(社)出版者著作権管理機構 委託出版物〉
本書の無断複写は著作権法上での例外を除き禁じられています.
複写される場合は，そのつど事前に，(社)出版者著作権管理機構
（電話 03-5244-5088，FAX 03-5244-5089, e-mail:info@jcopy.or.jp)
の許諾を得てください.